© Verlag Zabert Sandmann
München
1. Auflage 2003
ISBN 3-89883-065-9

Grafische Gestaltung Verena Fleischmann
Rezeptfotos Christian R. Schulz
Foodstyling Monika Schuster
Rezeptbearbeitung Monika Reiter
Redaktion Maren Richter, Nicola von Otto
Herstellung Karin Mayer, Peter Karg-Cordes
Lithografie inteca Media Service GmbH, Rosenheim
Druck & Bindung Mohn Media · Mohndruck GmbH, Gütersloh

In Zusammenarbeit mit dem Bayerischen Fernsehen und
der TR-Verlagsunion GmbH, München

Besuchen Sie uns auch im Internet unter www.zsverlag.de

Alfons Schuhbecks

Bayerische
Hausmannskost
für
Feinschmecker

ZABERT
SANDMANN

Inhalt

Bayern und Bayerns Küche,

das sind zwei meiner großen Leidenschaften. Was gibt es denn Schöneres als eine zünftige Brotzeit im Biergarten oder einen deftigen und reschen Schweinebraten mit selbst gemachten Knödeln? Und die vielen g'schmackigen Mehlspeisen erst… Ein Hochgenuss! Das sind Rezepte, die über Jahrhunderte gewachsen sind.

Es geht halt nichts über die gute

bayerische Hausmannskost. Höchstens vielleicht die »Bayerische Hausmannskost für Feinschmecker«. Denn viele der überlieferten Rezepte sind ein bisserl zu massiv und zu wuchtig für unsere heutige Zeit. Früher war der Lebensstil ein ganz anderer. Die Leute haben von früh bis spät hart gearbeitet, und da hat man dann schon mal einen fetten Kaiserschmarrn vertragen. Heutzutage arbeiten wir alle nicht mehr so schwer wie früher und sitzen viel zu viel im Büro, deshalb muss unser Essen auch leichter sein. Das ist der Grund, warum ich die traditionellen Rezepte überarbeitet, verfeinert und ein wenig eleganter gemacht habe.

Das Wichtigste jedoch ist das

eigentliche Produkt. Bayern hat gute Produkte und das muss man ausnutzen. Wenn es geht, die Zutaten immer frisch einkaufen, und am besten das, was gerade Saison hat und was unsere Heimat zu bieten hat. Der echte Feinschmecker genießt nun mal alles zu seiner Zeit. Beim Einkauf zahlt sich Qualität aus. Ehrliche Küche, mit den besten Zutaten.

Der respektvolle Umgang mit

den Zutaten, das gefühlvolle Garen und das zurückhaltende Abschmecken sind weitere Tipps, wie das Kochen besonders gut gelingt. Denn dann bleiben die wertvollen und so gesunden Inhaltsstoffe und der Eigengeschmack auch erhalten.

Und noch was: Wer mit viel Liebe kocht,

auf die Zutaten achtet und dazu noch elegant würzt, mit frischen Kräutern, die auch der Gesundheit gut tun, dem schmeckt es einfach besser. Kochen ist eine Gefühlssache. Und nun wünsche ich Ihnen viel Spaß beim Nachkochen meiner bayerischen Hausmannskost für alle Genießer und Feinschmecker.

Ihr Alfons Schuhbeck

Brotzeit

Kartoffelkäs

400 g vorwiegend fest kochende
Kartoffeln
Salz
½ TL ganzer Kümmel
1 Zwiebel · 2 EL Butter
200 g saure Sahne
2 EL braune Butter (siehe S. 12)
je 1 Prise Cayennepfeffer, gemahlener Koriander und Kümmel
etwas frisch geriebene Muskatnuss
2 EL Schnittlauchröllchen

Für 4 Personen

1 Die Kartoffeln waschen und in Salzwasser mit Kümmel weich kochen. Das Wasser abgießen, die Kartoffeln schälen und durch eine Kartoffelpresse drücken.

2 Die Zwiebel schälen, in kleine Würfel schneiden und in einer Pfanne in der Butter bei milder Hitze gleichmäßig hell bräunen.

3 Kartoffeln, Zwiebeln und saure Sahne verrühren und die braune Butter hinzufügen, mit Salz, Cayennepfeffer, Koriander, Kümmel und Muskatnuss würzen.

4 Den Kartoffelkäs in kleine Schälchen füllen und mit Schnittlauch bestreuen.

Tellersülze von Spanferkelhaxerln

Für die Sülze:
3 gepökelte Spanferkelhaxerl
1 Zwiebel · 1 Lorbeerblatt
2 Gewürznelken
1 Möhre · 1 Zwiebel
150 g Knollensellerie
5 Wacholderbeeren
½ TL schwarze Pfefferkörner
einige Petersilienstiele
1 Streifen unbehandelte
Zitronenschale
2 Scheiben Ingwer
2 Scheiben Knoblauch
2 Blatt Gelatine
1 EL Puderzucker
ca. 6 EL Weißweinessig
Salz · 1 Prise Zucker
Cayennepfeffer

Für 4 Personen

1 Für die Sülze die Spanferkelhaxerl in einen Topf geben, so viel Wasser dazugeben, dass das Ganze gut bedeckt ist. Die Zwiebel mit dem Lorbeerblatt und den Nelken spicken. Das Gemüse schälen, grob zerkleinern und mit der gespickten Zwiebel zu den Haxerln geben. Die Haxerl bei milder Hitze knapp unter dem Siedepunkt in etwa 3 Stunden weich ziehen lassen, den aufsteigenden Schaum abschöpfen. Nach 2 ½ Stunden die Wacholderbeeren, die Pfefferkörner und die Petersilienstiele dazugeben.

2 Den Sud durch ein feines Sieb gießen, abkühlen lassen und entfetten. 600 ml abnehmen und leicht erwärmen, Zitronenschale, Ingwer und Knoblauch dazugeben, einige Minuten darin ziehen lassen und wieder entfernen. Die Gelatine in kaltem Wasser einweichen, mit den Händen ausdrücken und im warmen Sud auflösen. Auf Zimmertemperatur abkühlen lassen. Den restlichen Sud anderweitig verwenden.

3 Den Puderzucker in eine Pfanne sieben und bei mittlerer Hitze hell karamellisieren lassen, mit dem Essig ablöschen und reduzieren lassen. Den Sud mit der Essigreduktion, Salz, Zucker und Cayennepfeffer herzhaft würzen. Je nach Geschmack noch mit etwas zusätzlichem Essig abschmecken.

Für den Belag:

4 kleine Essiggurken (Cornichons)
4 Wachteleier
8 Mini-Möhren mit Grün
1 Stange Staudensellerie
8 kleine Lauchzwiebeln · Salz

Für die Meerrettichmousse:

60 g Sahne
1 EL Sahnemeerrettich
Salz · Cayennepfeffer
Weißweinessig
Zucker

Zum Fertigstellen:

1 EL Olivenöl · 1 TL Weißweinessig
Salz · Pfeffer aus der Mühle
1 Prise Zucker
Salatblätter zum Garnieren

4 Für den Belag die Haxerl auskühlen lassen, die Schwarte entfernen, das Fleisch vom Knochen lösen und in Stücke zerteilen. Die Essiggurken schräg in Stücke schneiden, die Wachteleier 2 $^1/_2$ Minuten kochen, in kaltem Wasser abschrecken, pellen und halbieren.

5 Von den Möhren das Grün bis auf 2 cm abschneiden. Den Sellerie und die Lauchzwiebeln putzen, der Länge nach halbieren, waschen und in 4 cm lange Stifte schneiden. Jedes Gemüse nacheinander in Salzwasser blanchieren, in kaltem Wasser abschrecken und in einem Sieb abtropfen lassen.

6 Für die Meerrettichmousse 250 ml vom Gelatinesud abnehmen, die Sahne und den Meerrettich hineinrühren, mit Salz, Cayennepfeffer, Essig und Zucker abschmecken und auf 4 große Suppenteller verteilen. Im Kühlschrank fest werden lassen. Den übrigen Gelatinesud ebenfalls im Kühlschrank fest werden lassen.

7 Zum Fertigstellen den Belag auf der Mousse anrichten. Das Gelee aus dem Kühlschrank nehmen und durch eine Kartoffelpresse über den Belag drücken. 2 EL vom Gelee leicht erwärmen, mit dem Olivenöl und dem Weißweinessig verrühren und mit Salz, Pfeffer und Zucker würzen. Zuletzt über den Belag träufeln und mit Salatblättern garnieren.

Radi mit Petersilienpesto

Für das Pesto:

200 g Blattspinat

2 Bund Petersilie

Salz

1 EL frisch geriebener Parmesan

1 EL geröstete Mandelblättchen

60 ml Olivenöl

60 g braune Butter (siehe Tipp)

Pfeffer aus der Mühle

einige Tropfen Zitronensaft

Für den Radi:

500 g Radi (weißer Rettich)

Salz

Zum Fertigstellen:

1–2 EL geröstete Mandelblättchen

Für 4 Personen

1 Für das Pesto die Spinat- und die Petersilienblätter von den Stielen zupfen und nacheinander in Salzwasser blanchieren. In kaltem Wasser abschrecken, in ein Sieb geben und abtropfen lassen. Mit den Händen das übrige Wasser gut ausdrücken.

2 Spinat und Petersilie grob zerkleinern und in eine Schüssel geben. Parmesan, Mandelblättchen, Öl und braune Butter hinzufügen. Mit Salz, Pfeffer und Zitronensaft würzen und im Mixer zu einer glatten grünen Paste pürieren.

3 Den Radi schälen, der Länge nach vierteln und in 3 mm dicke Scheiben schneiden. In Salzwasser in etwa 1 Minute bissfest blanchieren, in kaltem Wasser abschrecken, in ein Sieb geben und abtropfen lassen.

4 Die Radischeiben mit etwas Pesto vermischen und je nach Geschmack nochmals würzen.

5 Zum Fertigstellen den Radisalat auf einer Platte anrichten und mit Mandelblättchen bestreuen.

» Braune Butter, auch Nussbutter genannt, erhalten Sie, wenn die gewünschte Menge Butter in einem kleinen Topf bei mittlerer Hitze langsam erwärmt wird, bis sie goldbraun ist und ein nussiges Aroma hat. Die Butter durch ein mit Küchenpapier ausgelegtes Sieb gießen. Zugedeckt hält sich die braune Butter im Kühlschrank mehrere Wochen.
Braune Butter wird fast immer zum Schluss an ein Gericht gegeben, sozusagen als Gewürz zum Abschmecken. «

Zwiebelkuchen

Für den Hefeteig:

1/8 l Milch

20 g Hefe

300 g Mehl

1/2–1 TL Salz

1 Prise Zucker

Pfeffer aus der Mühle

je 1 Prise gemahlener Kümmel

und Koriander

2 Eigelb

1 Msp abgeriebene unbehandelte

Zitronenschale

50 g weiche Butter

Butter für das Blech

Für den Belag:

1 kg Zwiebeln

150 g gekochter Hinterschinken

1 TL Puderzucker · 20 g Butter

Salz · Pfeffer aus der Mühle

1 Prise gemahlener Kümmel

1 TL Thymian (fein gehackt)

400 g Crème fraîche

400 g saure Sahne · 5 Eier

1 Prise Cayennepfeffer

etwas frisch geriebene Muskatnuss

Für 1 Blech

1 Für den Hefeteig die Milch auf etwa 30 °C erwärmen, die Hefe darin auflösen und mit Mehl, Salz, Zucker, Pfeffer, Kümmel, Koriander, Eigelb und Zitronenschale zu einem Teig verkneten. Die weiche Butter hinzufügen und einige Minuten weiterkneten, bis ein geschmeidiger Teig entstanden ist.

2 In eine Schüssel geben, mit Frischhaltefolie bedecken und eine knappe Stunde an einem warmen Ort gehen lassen.

3 Ein tiefes Backblech mit flüssiger Butter bestreichen. Den Teig auf einer bemehlten Arbeitsfläche dünn ausrollen, das Backblech damit auslegen und noch 15 Minuten gehen lassen. Den Backofen auf 175 °C vorheizen.

4 Für den Belag die Zwiebeln schälen, vierteln und in Streifen schneiden. Den Schinken in kleine Würfel schneiden.

5 Den Puderzucker in eine große Pfanne sieben und bei milder Hitze hell karamellisieren lassen. Die Zwiebeln mit der Butter hinzufügen und darin glasig anschwitzen. Mit Salz, Pfeffer, Kümmel und Thymian würzen. Die Pfanne vom Herd nehmen und den Schinken hinzufügen.

6 Crème fraîche und saure Sahne mit den Eiern glatt rühren und mit Salz, Cayennepfeffer und Muskatnuss würzen.

7 Die Zwiebeln mit der Eiermasse vermischen und gleichmäßig auf dem Hefeteig verteilen.

8 Auf der mittleren Einschubleiste im vorgeheizten Backofen in etwa 35 Minuten goldbraun backen.

9 Lauwarm in kleine Stücke schneiden, auf einer Platte anrichten und zu einem Glas Wein oder Bier servieren.

Fleischpflanzerl auf Meerrettich-Kartoffel-Salat

Für die Fleischpflanzerl:

80 g Toastbrot (entrindet)

80 ml Milch

1 kleine Zwiebel · 1 EL Butter

250 g Kalbshackfleisch

250 g Schweinehackfleisch

1 Ei · 1–2 TL scharfer Senf

Salz · Pfeffer aus der Mühle

1 Prise getrockneter Majoran

½ gehackte Knoblauchzehe

1 EL glatte Petersilie (grob gehackt)

Öl zum Anbraten

Für den Meerrettich-Kartoffel-Salat:

1 kg vorwiegend fest kochende Kartoffeln · Salz

½ EL ganzer Kümmel

1 kleine Zwiebel · 2 EL Öl

400 ml Geflügelbrühe

3 EL Weinessig

1 EL Sahnemeerrettich

2 EL braune Butter (siehe S. 12)

1 Prise Zucker

Pfeffer aus der Mühle

2 EL Schnittlauchröllchen

Für 4 Personen

1 Für die Fleischpflanzerl das Brot in der Milch einweichen. Die Zwiebel schälen, in Würfel schneiden und in einer Pfanne bei milder Hitze in der Butter glasig dünsten.

2 Beide Hackfleischsorten mit dem Brot, den Zwiebeln, dem Ei und dem Senf gut vermischen. Die Hackfleischmasse mit Salz, Pfeffer, Majoran, Knoblauch und Petersilie würzen.

3 Mit feuchten Händen kleine Fleischpflanzerl aus der Masse formen und in einer Pfanne bei mittlerer Hitze im Öl von beiden Seiten gold- braun braten. Die Fleischpflanzerl aus der Pfanne nehmen und auf Küchenpapier abtropfen lassen.

4 Für den Meerrettich-Kartoffel-Salat die Kartoffeln waschen und in Salzwasser mit dem Kümmel weich kochen. Das Wasser abgießen, die Kartoffeln möglichst heiß schälen, in dünne Scheiben schneiden und in eine Schüssel geben.

5 Die Zwiebel schälen, in kleine Würfel schneiden und in einer Pfanne in 1 EL Öl bei milder Hitze glasig dünsten. Die Pfanne vom Herd neh- men, die Brühe hinzufügen, den Weinessig und den Sahnemeerrettich hineinrühren und unter die Kartoffeln mischen.

6 Die braune Butter mit dem übrigen Öl zu den Kartoffeln geben und mit Salz, Zucker und Pfeffer würzen. Zuletzt den Schnittlauch unterziehen.

7 Den Meerrettich-Kartoffel-Salat auf eine Platte geben oder auf Teller verteilen und die Fleischpflanzerl darauf anrichten. Nach Belieben mit frischen Meerrettichspänen bestreut servieren.

» Bei der Zubereitung des Kartoffelsalates sollte darauf geachtet wer- den, dass die Kartoffeln noch warm mariniert werden und dass das Öl erst zum Schluss dazugegeben wird, damit die Kartoffeln genügend Flüssigkeit aufnehmen können. «

Bayerische Rillettes von Ente und Kaninchen

Für die Entenrillette:

400 g fetter, roher Schweinebauch
2 Entenkeulen · 2 EL Öl
650 ml Geflügelbrühe
150 g Knollensellerie
2 kleine Möhren
2 kleine Zwiebeln · 1 Apfel
3 Thymianzweige · 2 Lorbeerblätter
1 TL Wacholderbeeren
1 TL schwarze Pfefferkörner
1 Streifen unbehandelte
Orangenschale
2 Scheiben Ingwer
½ Knoblauchzehe
Salz · Cayennepfeffer
etwas Cognac und Grand Marnier

Für die Kaninchenrillette:

400 g fetter, roher Schweinebauch
2 Kaninchenkeulen · 2 EL Öl
650 ml Geflügelbrühe
150 g Knollensellerie
2 kleine Möhren · 2 kleine Zwiebeln
1 cm Zimtrinde
1 TL Pimentkörner · 2 Lorbeerblätter
1 Streifen unbehandelte
Zitronenschale
2 Scheiben Ingwer
½ Knoblauchzehe
1 Rosmarinzweig
Salz · Pfeffer aus der Mühle
Cayennepfeffer · etwas Sherry

Je etwa 800 g

1 Für die Entenrillette den Schweinebauch in etwa 3 cm große Würfel schneiden und mit den Entenkeulen in einem Topf bei mittlerer Hitze im Öl anbraten. Das Öl abgießen. So viel Brühe dazugießen, dass das Fleisch gut bedeckt ist, und das Ganze etwa 3 ½ Stunden mehr ziehen als köcheln lassen. Das Fleisch sollte dabei sehr weich gekocht werden.

2 Den Sellerie, die Möhren und die Zwiebeln schälen, zerkleinern und nach gut 2 Stunden hinzufügen. Den Apfel schälen, entkernen, achteln und 20 Minuten vor Garzeitende mit Thymian, Lorbeerblättern, Wacholderbeeren, Pfefferkörnern, Orangenschale, Ingwer und Knoblauch hinzufügen.

3 Fleisch und Gemüse aus dem Sud nehmen, etwas abkühlen lassen und das Entenfleisch von den Keulen lösen. Das Fleisch mit dem Schweinebauch und dem Gemüse durch einen Fleischwolf drehen. Die Brühe durch ein Sieb gießen und etwa ⅛ l davon unter die Fleischmasse rühren. Mit Salz, Cayennepfeffer und einigen Tropfen Cognac und Grand Marnier abschmecken. Die fertige Rillette in kleine Schraub- oder Weckgläser füllen, gut verschließen und kalt stellen.

4 Für die Kaninchenrillette den Schweinebauch in etwa 3 cm große Würfel schneiden und mit den Kaninchenkeulen in einem Topf im Öl anbraten. Das Öl abgießen. So viel Brühe dazugießen, dass das Fleisch gut bedeckt ist, und das Ganze etwa 3 ½ Stunden mehr ziehen als köcheln lassen. Das Fleisch sollte dabei sehr weich gekocht werden.

5 Das Gemüse schälen, zerkleinern und nach etwa 2 Stunden hinzufügen.

6 Etwa 15 Minuten vor Garzeitende Zimtrinde, Pimentkörner, Lorbeerblätter, Zitronenschale, Ingwer, Knoblauch und Rosmarin dazugeben.

7 Fleisch und Gemüse aus dem Sud nehmen, etwas abkühlen lassen, das Kaninchenfleisch von den Keulen lösen und mit dem Schweinebauch und dem Gemüse durch einen Fleischwolf drehen. Die Brühe durch ein Sieb gießen und etwa ⅛ l davon mit dem Fleisch vermischen. Mit Salz, Pfeffer, Cayennepfeffer und einigen Tropfen Sherry abschmecken. In kleine Schraub- oder Weckgläser füllen, gut verschließen und kalt stellen.

Reiberdatschi
mit Hering und Schnittlauchsauce

Für die Reiberdatschi:

1 reife, aber feste Birne

500 g vorwiegend fest kochende
Kartoffeln · 2 Eigelb

Salz · Pfeffer aus der Mühle

etwas frisch geriebene Muskatnuss

Öl zum Braten

Für die Schnittlauchsauce:

50 g gut durchwachsener Speck

1 EL Öl

250 g Crème fraîche · 5 EL Sahne

1 TL scharfer Senf

1–2 EL Schnittlauchröllchen

einige Tropfen Zitronensaft

Salz · 1 Prise Zucker

Cayennepfeffer

Zur Fertigstellen:

3 Matjes-Doppelfilets

½ Birne

Für 4 Personen

1 Für die Reiberdatschi die Birne schälen, entkernen und in sehr kleine Würfel schneiden. Die Kartoffeln ebenfalls schälen, in feine Streifen hobeln und mit den Händen den Saft ausdrücken. Das Eigelb mit den Birnen und den Kartoffeln vermischen und mit Salz, Pfeffer und Muskatnuss würzen.

2 In einer Pfanne bei milder Hitze im Öl nacheinander zu kleinen flachen Reiberdatschi von 6 bis 7 cm Durchmesser braten. Auf Küchenpapier abtropfen lassen.

3 Für die Schnittlauchsauce den Speck in kleine Würfel schneiden, in einer Pfanne im Öl kross anbraten und anschließend in einem Sieb abtropfen lassen.

4 Die Crème fraîche mit der Sahne und dem Senf glatt rühren. Den Schnittlauch und den Speck dazugeben und mit Zitronensaft, Salz, Zucker und Cayennepfeffer würzen.

5 Zum Fertigstellen die Matjesfilets waschen, trockentupfen und schräg in 3 bis 4 cm lange Stücke schneiden. Die Birne entkernen und der Länge nach in dünne Scheiben schneiden.

6 Die Reiberdatschi nebeneinander auf eine Servierplatte legen, je 1 Stück Matjesfilet darauf setzen und die Schnittlauchsauce darüber träufeln. Mit den Birnenscheiben garnieren.

»Statt Reiberdatschi kann auch Bauernbrot verwendet werden, das in dünnen Scheiben in Butter bei milder Hitze in einer Pfanne beidseitig angebraten wird.«

Gebrühter Krautsalat

½ Kopf junger Weißkohl
Salz
1 EL Puderzucker
5 EL Rotweinessig
⅛ l Gemüsebrühe
3 EL Öl
Pfeffer aus der Mühle
1 Prise gemahlener Kümmel
1 Prise Cayennepfeffer
1 Prise Zucker zum Abschmecken
50 g gut durchwachsener Speck

Für 4 Personen

1 Den Weißkohl putzen, fein hobeln, den Strunk dabei entfernen und leicht salzen.

2 Den Puderzucker in eine Pfanne sieben und bei mittlerer Hitze hell karamellisieren lassen, mit dem Essig ablösen, bei mittlerer Hitze 20 bis 30 Sekunden auf gut die Hälfte einköcheln lassen, die Brühe hinzufügen, einmal aufkochen lassen und heiß über das Kraut gießen. 2 EL Öl hinzufügen und mit Salz, Pfeffer, Kümmel, Cayennepfeffer und gegebenenfalls noch mit etwas Zucker abschmecken.

3 Den Speck in kleine Würfel schneiden und in einer Pfanne bei milder Hitze im restlichen Öl kross braten. In ein Sieb abgießen und die Speckgrammerln zum Krautsalat geben. Je nach Geschmack können noch frische Kräuter hineingemischt werden.

Sauer eingelegtes Wurzelgemüse

1 große Pastinake
2 Petersilienwurzeln · 2 Möhren
2 Schwarzwurzeln
160 g Knollensellerie
150 g Schalotten
½ TL Pimentkörner
½ TL schwarze Pfefferkörner
3 angedrückte Wacholderbeeren
1 TL Puderzucker
150 ml Gemüsebrühe · 1 Lorbeerblatt
1 Streifen unbehandelte
Limettenschale
3 Petersilienstiele · 1 Thymianzweig
2 Scheiben Knoblauch
1 Scheibe Ingwer
2 EL mildes Olivenöl
2 EL milder Weinessig · 1 TL Zucker
Salz · 1 Prise Cayennepfeffer

Für 4 Personen

1 Alle Gemüsesorten waschen und schälen. Pastinake, Petersilienwurzeln und Möhren je nach Dicke der Länge nach halbieren oder vierteln. Die Schwarzwurzeln der Länge nach halbieren und alles in 4 cm lange Stifte schneiden. Den Sellerie in 4 cm lange Stifte schneiden, die Schalotten halbieren.

2 Piment- und Pfefferkörner sowie Wacholderbeeren in ein Tee-Ei oder einen Einwegteebeutel geben und verschließen. Den Puderzucker in einen Topf sieben und bei milder Hitze hell karamellisieren lassen. Das Gemüse darin glasig anschwitzen, die Brühe dazugießen, das Lorbeerblatt mit den Gewürzen hineingeben und alles unter dem Siedepunkt etwa 20 Minuten durchziehen lassen.

3 Vom Herd nehmen, die Gewürze herausnehmen. Limettenschale, Petersilie, Thymian, Knoblauch und Ingwer dazugeben, einige Minuten darin ziehen lassen und wieder entfernen. Das Öl hinzufügen und mit Essig, Zucker, Salz und Cayennepfeffer abschmecken.

4 Das Gemüse mehrere Stunden darin ziehen lassen. Es kann zugedeckt auch über Nacht in den Kühlschrank gestellt werden, sollte aber bei Zimmertemperatur serviert werden.

Herzhafter Käsekuchen

Für den Teig:

200 g weiche Butter

2 Eigelb

1 Prise Zucker

1 TL Salz

2 EL Milch

350 g Mehl

Butter für das Blech

Für den Belag:

3 Zwiebeln (ca. 400 g)

2 mittelgroße Stangen Lauch

1 EL Öl

Salz · Pfeffer aus der Mühle

1 Prise gemahlener Kümmel

1 reife, aber feste Birne

300 g halbfester würziger
Rotschmierkäse (Almkäse)

120 g Edelpilzkäse

¼ l Milch

250 g Sahne

5 Eier

etwas frisch geriebene Muskatnuss

Für 1 Blech

1 Für den Teig die Butter mit Eigelb, Zucker, Salz und Milch gut vermischen, das Mehl nach und nach dazugeben und mit einer Küchenmaschine rasch zu einem glatten Mürbteig kneten. Mit den Händen auf einer bemehlten Arbeitsfläche zu einer dicken Scheibe formen, in Frischhaltefolie wickeln und im Kühlschrank mindestens 2 Stunden kalt stellen.

2 Mit den Händen nochmals kurz durchkneten und auf Backblechgröße ausrollen. Ein tiefes Backblech mit Butter bestreichen, mit dem Teig auslegen und mit einer Gabel mehrmals einstechen.

3 Den Backofen auf 175 °C vorheizen und den Mürbteig darin in 8 bis 10 Minuten hell vorbacken.

4 Für den Belag die Zwiebeln schälen und in kleine Würfel schneiden, den Lauch putzen, längs halbieren, waschen und quer in Streifen schneiden. Zwiebeln und Lauch bei milder Hitze in einer Pfanne im Öl glasig anschwitzen. Mit Salz, Pfeffer und Kümmel würzen und auskühlen lassen. Die Birne schälen, halbieren, entkernen und in kleine Würfel schneiden. Den Käse in kleine Würfel schneiden und den Edelpilzkäse zerbröckeln.

5 Zum Fertigstellen alle Zutaten gleichmäßig auf dem Mürbteigboden verteilen.

6 Die Milch mit der Sahne und den Eiern verquirlen und mit Salz, Pfeffer und Muskatnuss würzen. Auf dem Belag verteilen und auf der mittleren Einschubleiste im vorgeheizten Backofen in etwa 50 Minuten goldbraun backen.

≫ *Für den Mürbteig sollte die Butter pomadig sein, also nicht zu weich. Eigelb, Milch, Zucker und Salz sollten mit der Butter nur glatt gerührt, auf keinen Fall schaumig geschlagen werden. Wer den Teig mit den Händen knetet, verbröselt die Buttermischung zuerst mit dem Mehl und knetet das Ganze anschließend rasch zu einem glatten Mürbteig, damit der Teig durch zu viel Handwärme nicht brandig, d.h. bröselig wird. Er wird kalt gestellt und unmittelbar vor dem Verarbeiten noch einmal kurz durchgeknetet, damit er geschmeidig wird und sich gut ausrollen lässt.* ≪

Backhendl mit Zitronendip

Für den Zitronendip:

6 EL Sahne

1 Msp abgeriebene unbehandelte
Zitronenschale

½ TL Estragonblätter
(grob gehackt)

1 TL scharfer Senf

1–2 EL Zitronensaft

300 g Crème fraîche

Salz · Cayennepfeffer

1 Prise Zucker

Für den Salat:

400 g gemischte Salatblätter

100 ml Geflügelbrühe

1 EL Weißweinessig

1 Scheibe Knoblauch

1 TL scharfer Senf

4 EL Sonnenblumenöl

1 TL Walnussöl

Salz · Pfeffer aus der Mühle

1 Prise Zucker · Cayennepfeffer

Für das Backhendl:

2 Eier

Salz · Pfeffer aus der Mühle

1 TL Zitronensaft

100 g doppelgriffiges Mehl

200 g frisch geriebene
Weißbrotbrösel

etwas frisch geriebene Muskatnuss

4 Geflügelbrüste (ohne Haut)

Butterschmalz zum Ausbacken

Für 4 Personen

1 Für den Zitronendip die Sahne mit der Zitronenschale und den Estragonblättern erhitzen. Einige Minuten ziehen lassen und die Sahne dann durch ein Sieb gießen. Mit dem Senf, dem Zitronensaft und der Crème fraîche verrühren und den Dip mit Salz, Cayennepfeffer und Zucker abschmecken.

2 Für den Salat die Salatblätter putzen, waschen, trockenschleudern und klein zupfen. Für das Dressing die Geflügelbrühe, den Weißweinessig, den Knoblauch und den Senf mit einem Pürierstab aufschlagen, dabei das Öl langsam dazugießen. Das Dressing mit Salz, Pfeffer, Zucker und Cayennepfeffer herzhaft würzen.

3 Für das Backhendl die Eier in einen tiefen Teller geben und mit einer Gabel verquirlen. Das Ei mit Salz und Pfeffer würzen und den Zitronensaft hinzufügen. Das Mehl und die Weißbrotbrösel jeweils auf einen Teller geben, das Mehl mit Muskat würzen.

4 Die Geflügelbrüste in 3 bis 4 Teile schneiden. Die Geflügelstücke mit Salz und Pfeffer würzen und nacheinander zuerst in Mehl, dann im Ei und zum Schluss in den Weißbrotbröseln wenden.

5 In eine Pfanne etwa fingerdick Butterschmalz geben und bei milder Temperatur erhitzen. Die panierten Geflügelstücke darin in 2 bis 3 Minuten hell anbraten. Wenden und auf der anderen Seite ebenfalls hell anbraten. Anschließend aus der Pfanne nehmen und auf Küchenpapier abtropfen lassen.

6 Den Salat mit dem Dressing marinieren und mit den Backhendlstücken und etwas Zitronendip auf Tellern anrichten. Den restlichen Zitronendip separat servieren.

» Die Backhendlstücke sollten in reichlich Butterschmalz bei milder Hitze gebraten werden, damit die Panade gleichmäßig bräunt und das Fleisch innen zwar durchbrät, aber dabei saftig bleibt. «

Eingelegter Käse

3 Schalotten · ½ kleiner Zucchino
½ kleine Fenchelknolle
50 g eingelegte, getrocknete
Tomaten (abgetropft)
1 mittelscharfe rote Chilischote
1 TL Puderzucker
5 EL Rotweinessig
400 ml Gemüsebrühe
50 ml mildes Olivenöl
Salz · Pfeffer aus der Mühle
Zucker · 2 Scheiben Knoblauch
1 Scheibe Ingwer
1 Streifen unbehandelte
Orangenschale
400 g Almkäse (würziger halbfester
Schnittkäse)
1 EL Schnittlauchröllchen

Für 4 Personen

1 Die Schalotten schälen und in Ringe schneiden, den Zucchino waschen, der Länge nach halbieren und quer klein schneiden, den Fenchel putzen, halbieren und quer klein schneiden. Die Tomaten in Streifen schneiden, die Chilischote der Länge nach halbieren, entkernen und quer in feine Streifen schneiden.

2 In einer Pfanne den Puderzucker hell karamellisieren lassen, mit 4 EL Rotweinessig ablöschen, auf die Hälfte einköcheln lassen und vom Herd nehmen. Den restlichen Essig, die Brühe und das Öl hineinrühren, mit Salz und Pfeffer würzen und mit Essig und Zucker abschmecken. Knoblauch, Ingwer und Orangenschale hinzufügen, einige Minuten darin ziehen lassen und wieder entfernen.

3 Schalotten, Fenchel und Zucchini nacheinander in Salzwasser bissfest blanchieren, in kaltem Wasser abschrecken und abtropfen lassen. Mit den Tomaten und der Chilischote in die Marinade rühren.

4 Den Käse in etwa ½ cm dicke Scheiben und 4 cm große Stücke schneiden und in eine tiefe Servierform legen. Das Gemüse mit der Marinade darüber verteilen und mit Schnittlauch bestreuen.

Käsepflanzerl mit Paprika-Kürbis-Gemüse

Für die Käsepflanzerl:
200 g Almkäse · 80 g Toastbrot
30 g weiche Butter · 2 Eigelb
400 g Topfen (abgetropfter Quark;
siehe S. 52)
Salz · Pfeffer aus der Mühle
je 1 Prise gemahlener Kümmel,
frisch geriebene Muskanuss,
Cayennepfeffer
100 g frisch geriebene Weißbrot-
brösel · 2 EL Öl

Für 4 Personen

1 Für die Käsepflanzerl den Käse in kleine Würfel schneiden oder auf einer Reibe grob reiben. Das Toastbrot ebenfalls in kleine Würfel schneiden. Die Butter mit dem Eigelb glatt rühren. Topfen, Käse- und Brotwürfel dazugeben und unterrühren. Mit Salz, Pfeffer, Kümmel, Muskatnuss und Cayennepfeffer würzen.

2 Die Masse 30 Minuten ziehen lassen. Die Weißbrotbrösel in einen flachen Teller geben. Mit feuchten Händen aus der Käsemasse kleine, flache Pflanzerl formen und in den Brotbröseln wenden.

3 Die Käsepflanzerl in einer Pfanne bei milder Hitze im Öl auf beiden Seiten hell anbraten. Die Pflanzerl aus der Pfanne nehmen und auf Küchenpapier abtropfen lassen.

Für das Paprika-Kürbis-Gemüse:

1 weiße Zwiebel

je 1 rote und gelbe Paprikaschote

1 kleiner Zucchino

150 g Muskatkürbis

Salz · 1 EL Puderzucker

3 EL Weißweinessig

Pfeffer und Piment aus der Mühle

1 Prise Cayennepfeffer

1 Prise getrocknetes Bohnenkraut

100 ml Gemüsebrühe

5 EL mildes Olivenöl

je 2 Scheiben Knoblauch

und Ingwer

4 Für das Paprika-Kürbis-Gemüse die Zwiebel schälen. Die Paprika-schoten waschen, halbieren und die Stielansätze sowie die Kerne entfernen. Zwiebel und Paprikahälften in Rauten schneiden. Den Zucchino putzen, der Länge nach halbieren und in Scheiben schneiden.

5 Den Muskatkürbis schälen, entkernen und ebenfalls in Rauten schneiden. Die Kürbisstücke in Salzwasser blanchieren, in kaltem Wasser abschrecken, in ein Sieb geben und abtropfen lassen.

6 Den Puderzucker in eine Pfanne sieben und bei mittlerer Hitze karamellisieren lassen. Den Weißweinessig dazugießen und reduzieren lassen. Zwiebeln, Paprika sowie Zucchini dazugeben und bei milder Hitze andünsten. Mit Salz, Pfeffer, Piment, Cayennepfeffer und Bohnenkraut würzen und die Gemüsebrühe dazugießen. Das Gemüse 5 bis 10 Minuten in dem Sud ziehen lassen.

7 Den Kürbis hinzufügen, das Gemüse vom Herd nehmen. Das Öl mit Knoblauch und Ingwer dazugeben. Falls nötig das Gemüse nochmals mit Salz, Zucker, Pfeffer und Weißweinessig abschmecken.

8 Das Paprika-Kürbis-Gemüse auf Teller verteilen und die Käsepflanzerl darauf anrichten. Je nach Geschmack mit frischem Bohnenkraut dekorieren.

Suppen

Grüne Erbsensuppe mit gebackenem Kalbsbries und Minze

Für das Kalbsbries:

600 g schönes, weißes Kalbsbries

1 kleine Zwiebel · 1 Lorbeerblatt

2 Gewürznelken

Salz · 2 EL Essig

1 großes Ei · Pfeffer aus der Mühle

einige Tropfen Zitronensaft

1 Msp abgeriebene unbehandelte
Orangenschale

etwas frisch geriebene Muskatnuss

80 g doppelgriffiges Mehl

80 g frisch geriebene
Weißbrotbrösel

Öl zum Braten

Für die Suppe:

1 Zwiebel · 1 EL Öl

300 g tiefgekühlte Erbsen

750 ml Geflügelbrühe

80 g Sahne · 20 g kalte Butter

Salz · 1 Prise Cayennepfeffer

etwas frisch geriebene Muskatnuss

Für die Zunge:

100 g gekochte Kalbszunge
(enthäutet)

1 EL Butter · Pfeffer aus der Mühle

1 EL Minze (grob gezupft)

einige Minzezweige

Für 4 Personen

1 Für das Kalbsbries das Bries einen Tag in kaltes Wasser einlegen. Anschließend weitgehend von Sehnen und blutigen Stellen befreien. Die Zwiebel mit dem Lorbeerblatt und den Nelken spicken. In einem Topf reichlich Wasser zum Kochen bringen, die Zwiebel hineingeben, salzen, das Kalbsbries dazugeben und knapp unter dem Siedepunkt in etwa 20 Minuten gar ziehen lassen. Nach 10 Minuten den Essig in den Sud geben. Das Kalbsbries aus dem Sud nehmen, in 1 cm dicke Scheiben schneiden und bis zur Weiterverwendung mit Frischhaltefolie bedeckt kalt stellen.

2 Das Ei in einem tiefen Teller verquirlen und mit Salz, Pfeffer, Zitronensaft, Orangenschale und Muskatnuss würzen. Mehl und Weißbrotbrösel ebenfalls in tiefe Teller geben. Die Kalbsbriesscheiben mit Salz und Pfeffer würzen und nacheinander in Mehl, im gewürzten Ei und in den Weißbrotbröseln wenden.

3 In einer Pfanne bei milder Hitze fingerhoch Öl erhitzen. Die Briesscheiben darin auf beiden Seiten goldgelb braten und auf Küchenpapier abtropfen lassen.

4 Für die Suppe die Zwiebel schälen, in kleine Würfel schneiden und in einem Topf bei milder Hitze im Öl anschwitzen. Die Erbsen hinzufügen, mit der Brühe aufgießen und 3 bis 5 Minuten knapp unter dem Siedepunkt garen. 4 EL Erbsen als Einlage herausnehmen, die Sahne in die Suppe geben und kurz erhitzen, dann die Butter hinzufügen und die Suppe mit dem Pürierstab aufschlagen. Mit Salz, Cayennepfeffer und Muskatnuss abschmecken.

5 Für die Kalbszunge die Zunge in kleine Würfel schneiden, in einer Pfanne bei milder Hitze in der Butter erhitzen, pfeffern und die grob gezupfte Minze unterrühren.

6 Die Zungenwürfel mit den Erbsen in vorgewärmte tiefe Teller geben, die Suppe darauf verteilen, die gebackenen Briesscheiben hineingeben und mit Minze garnieren.

»Beim Kauf von Kalbsbries sollte darauf geachtet werden, dass es schön hell ist und keine dunkelroten Stellen aufweist.«

Meerrettichsuppe mit Freilandhendl

Für die Hühnerbrühe:

1 Freilandhendl

2 Möhren

2 Petersilienwurzeln

300 g Knollensellerie

1 dünne Stange Lauch

1 ungeschälte Zwiebel

2 kleine Lorbeerblätter

$\frac{1}{2}$ TL Pimentkörner

$\frac{1}{2}$–1 TL schwarze Pfefferkörner

Für die Suppe:

6 Scheiben frischer Meerrettich

5 Petersilienstiele

2 Streifen unbehandelte Zitronenschale

1 halbierte Knoblauchzehe

2 Scheiben Ingwer

Salz

1 Prise Cayennepfeffer

etwas frisch geriebene Muskatnuss

2 EL Schnittlauchröllchen

Für 6 Personen

1 Für die Hühnerbrühe das Freilandhendl unter fließend kaltem Wasser sorgfältig waschen und die Fettdrüsen am Schwanz (Sterzel) herausschneiden. Das Hendl in einen entsprechend großen Topf geben und mit Wasser bedecken. Langsam aufkochen lassen, den aufsteigenden Schaum mit einer Kelle von der Oberfläche abnehmen und knapp unter dem Siedepunkt etwa 1 $\frac{1}{2}$ Stunden ziehen lassen.

2 Möhren, Petersilienwurzeln und Sellerie schälen, den Lauch putzen und gründlich waschen, die Zwiebel ungeschält halbieren und mit der Schnittseite nach unten auf einem Stück Alufolie in einer unbeschichteten Pfanne ohne Fettzugabe dunkel rösten. Die Zwiebel mit Lorbeerblättern, Pimentkörnern, Pfefferkörnern, Möhren, Petersilienwurzeln, Sellerie und Lauch nach etwa 45 Minuten in die Hühnerbrühe geben.

3 Das Huhn aus der Brühe heben, Brüste und Keulen auslösen und von Knochen und Haut befreien. Die Hühnerteile sowie Möhren, Petersilienwurzeln und Sellerie in etwa 1 $\frac{1}{2}$ cm große Stücke schneiden. Die Brühe vorsichtig durch ein feines Sieb gießen, für die Suppe 1 $\frac{1}{2}$ l abmessen und die restliche Brühe zur späteren Verwendung einfrieren.

4 Die abgemessene Brühe in einem entsprechend großen Topf erhitzen, Meerrettich, Petersilie, Zitronenschale, Knoblauch und Ingwer dazugeben, 5 Minuten knapp unter dem Siedepunkt darin ziehen lassen und wieder entfernen. Mit Salz, Cayennepfeffer und Muskatnuss abschmecken.

5 Das Geflügelfleisch und das Gemüse in der Brühe erhitzen, auf vorgewärmte Suppenteller verteilen und mit Schnittlauch bestreuen.

≫ *Im Sommer eignet sich mehr eine klare Suppe, da sie leichter ist. Im Winter würde man eher eine Rahmsuppe servieren. Hierfür werden in die Brühe noch 180 g Sahne, 40 g Butter und je nach Geschmack noch etwas Sahnemeerrettich gemixt.* ≪

Kartoffelsuppe

½ Zwiebel · 50 g Knollensellerie
1 Möhre · 2 Kartoffeln (ca. 300 g)
800 ml Gemüsebrühe
1 Lorbeerblatt
1 kleine, getrocknete Chilischote
80 g Sahne
20 g kalte Butter
2 Scheiben Knoblauch
Salz · Pfeffer aus der Mühle
1 Prise getrockneter Majoran
1 Prise gemahlener Kümmel
1 Msp abgeriebene unbehandelte
Zitronenschale
1 Lauchzwiebel

Für 4 Personen

1 Das Gemüse schälen und in kleine Würfel schneiden. Zwiebel und Sellerie in der Brühe in 10 bis 15 Minuten fast weich kochen. Die Brühe durch ein Sieb abgießen und das Gemüse als Einlage beiseite stellen.

2 Möhre und Kartoffeln in die Brühe geben, Lorbeerblatt und Chilischote dazugeben und das Gemüse darin in etwa 30 Minuten knapp unter dem Siedepunkt weich kochen.

3 Die Gewürze entfernen, die Sahne mit der Butter hinzufügen, alles mit einem Stabmixer pürieren und Zwiebel- und Selleriewürfel wieder hineingeben. Den Knoblauch mit etwas Salz zerdrücken und die Suppe mit Salz, Pfeffer, Majoran, Kümmel, Zitronenschale und Knoblauch würzen.

4 Die Lauchzwiebel putzen, waschen, in feine Ringe schneiden, zuletzt in die Suppe geben und nur noch kurz darin ziehen lassen.

Schwammerlsuppe

1 größere Zwiebel · 3 EL Öl
800 ml Gemüsebrühe · 1 Lorbeerblatt
10 g getrocknete Egerlinge oder
Champignons (5 EL)
80 g Sahne · 20 g kalte Butter
1 Streifen unbehandelte
Zitronenschale
2 Scheiben Knoblauch
5 Petersilienstiele · Salz
je 1 Prise Cayennepfeffer,
gemahlener Kümmel und
getrockneter Majoran
400 g gemischte Pilze (Steinpilze,
Egerlinge, Pfifferlinge usw.)
Pfeffer aus der Mühle
1 EL glatte Petersilie (grob gehackt)

Für 4 Personen

1 Die Zwiebel schälen, in kleine Würfel schneiden und in einem Topf bei milder Hitze in 1 EL Öl glasig anschwitzen. Mit der Gemüsebrühe auffüllen, das Lorbeerblatt mit den getrockneten Pilzen dazugeben und 20 Minuten knapp unter dem Siedepunkt ziehen lassen. Das Lorbeerblatt herausnehmen, Sahne und Butter hinzufügen, das Ganze mit dem Stabmixer pürieren und durch ein feines Sieb passieren.

2 Die Zitronenschale, den Knoblauch und die Petersilienstiele dazugeben, einige Minuten darin ziehen lassen und wieder entfernen. Mit Salz, Cayennepfeffer, Kümmel und Majoran würzen.

3 Die Pilze putzen, nur wenn nötig waschen und größere Exemplare zerkleinern. In einer heißen Pfanne im übrigen Öl portionsweise etwa 1 Minute anbraten, dann wenden, mit Salz, Pfeffer und Petersilie würzen und in die Suppe geben.

4 Auf vorgewärmte Suppenteller verteilen.

Spargelsuppe mit Kopfsalat

200 g weißer Spargel
200 g grüner Spargel
1 l Gemüsebrühe
80 g Sahne
1 Streifen unbehandelte
Zitronenschale
20 g kalte Butter
Salz
1 Prise Cayennepfeffer
etwas frisch geriebene Muskatnuss
2–3 Kopfsalatblätter
einige Kerbelblättchen zum
Garnieren

Für 4 Personen

1 Den weißen Spargel ganz, den grünen nur im unteren Drittel schälen und die holzigen Enden entfernen.

2 Die Gemüsebrühe aufkochen, die Spargelschalen hineingeben und 20 Minuten knapp unter dem Siedepunkt ziehen lassen. In ein Sieb gießen und den Sud dabei auffangen. Die Schalen mit dem Rücken einer Schöpfkelle gut ausdrücken und entfernen.

3 Den Spargel schräg in knapp $\frac{1}{2}$ cm dicke Scheiben schneiden und im Spargelsud in 5 bis 10 Minuten knapp unter dem Siedepunkt bissfest garen. Erneut in ein Sieb gießen, den Sud wieder auffangen und den Spargel warm stellen.

4 Den Spargelsud in den Topf zurückgeben, die Sahne hinzufügen und bis kurz vor dem Siedepunkt erhitzen. Die Suppe vom Herd ziehen, die Zitronenschale hineingeben und nach einigen Minuten wieder entfernen. Die Butter hineinmixen und mit Salz, Cayennepfeffer und Muskatnuss abschmecken.

5 Die Kopfsalatblätter waschen, abtropfen lassen und in feine Streifen schneiden.

6 Den Spargel mit dem Kopfsalat in vorgewärmte Suppenteller geben, die aufgeschäumte Suppe darüber verteilen und mit Kerbelblättchen garnieren.

» Wer die Suppe lieber etwas sämiger möchte, kann $\frac{1}{2}$ gekochte Kartoffel mit der Butter in die Suppe mixen oder mit 1 EL in kaltem Wasser angerührter Speisestärke binden. Um die Bindekraft der Stärke kontrollieren zu können, sollte die angerührte Speisestärke nach und nach in die kochende Flüssigkeit gerührt werden, da Stärke im Gegensatz zu Mehl erst knapp unter dem Siedepunkt bindet. Anschließend lässt man die Suppe 2 Minuten leise köcheln, damit sich der mehlige Geschmack der Stärke auskocht. «

Kohlrabisuppe mit Saibling

Für die Suppe:

600 g Kohlrabi · ¹/₂ kleine Zwiebel
1 EL Öl · 900 ml Geflügelbrühe
80 g Sahne · 20 g Butter · Salz
etwas frisch geriebene Muskatnuss
1 Prise Cayennepfeffer

Für die Einlage:

4 Saiblingsfilets (à ca. 80 g,
mit Haut, ohne Gräten)
Salz · Pfeffer aus der Mühle
Butter zum Braten · 120 g Egerlinge
1 Streifen unbehandelte Zitronen-
schale · 1 Scheibe Knoblauch
1 EL glatte Petersilie (grob gehackt)

Für 4 Personen

1 Für die Suppe die Kohlrabi putzen, schälen und in kleine Würfel schneiden. Die Zwiebel schälen, in kleine Würfel schneiden und in einem Topf im Öl glasig dünsten, Kohlrabi dazugeben, mit Brühe aufgießen und knapp unter dem Siedepunkt in 15 bis 20 Minuten weich garen. 4 EL der Kohlrabiwürfel aus der Brühe nehmen und warm halten. Sahne und Butter zur Suppe geben und alles mit dem Stabmixer aufschlagen. Mit Salz, Muskatnuss und Cayennepfeffer abschmecken.

2 Für die Einlage die Filets salzen, pfeffern und in einer Pfanne auf der Hautseite in Butter kross anbraten. Vom Herd nehmen, wenden und 1 Minute ziehen lassen. Die Pilze putzen, halbieren und in einer Pfanne bei mittlerer Hitze in Butter kurz anbraten. Zitronenschale und Knoblauch dazugeben, mit Salz, Pfeffer und Petersilie würzen. Die Pilze auf Küchenpapier abtropfen lassen und mit den Kohlrabiwürfeln in Suppenteller geben. Die Suppe mit einem Stabmixer aufschäumen und darüber verteilen. Die Saiblingfilets in die Mitte der Teller setzen.

Maronensuppe mit weißen Trüffeln

500 g Maronen (Esskastanien)
1 TL Puderzucker
850 ml Geflügelbrühe
80 g Sahne
20 g Butter
Salz
Cayennepfeffer
frische weiße Trüffel (geputzt,
ca. 2 g pro Person;
ersatzweise einige Tropfen
weißes Trüffelöl)

Für 4 Personen

1 Die Schale der Kastanien an der gewölbten Seite mit einem scharfen Küchenmesser kreuzweise einschneiden. Die Kastanien auf ein Backblech geben und im vorgeheizten Backofen bei 200 °C etwa 10 Minuten backen, bis sich die Schalen öffnen.

2 Die noch warmen Kastanien aus der Schale brechen, dabei die innere Haut ebenfalls entfernen.

3 Den Puderzucker in einen Topf sieben und bei mittlerer Hitze bernsteinfarben karamellisieren lassen. Mit der Geflügelbrühe aufgießen, die geschälten Kastanien dazugeben und 15 Minuten knapp unter dem Siedepunkt ziehen lassen, bis die Kastanien fast zerfallen. Die Suppe mit einem Stabmixer fein pürieren, durch ein Sieb passieren. Die Sahne hinzufügen, leicht erhitzen und die Butter hineinmixen. Mit Salz und Cayennepfeffer abschmecken und heiß in vorgewärmte Suppenteller gießen.

4 Weiße Trüffel mithilfe eines Trüffelhobels dünn darüber hobeln und sofort servieren. Anstelle der weißen Trüffel kann man einige Tropfen Trüffelöl (sparsam verwenden!) zusammen mit der Butter in die Suppe mixen.

» Trüffelöl sollte zur Aufbewahrung zumindest in den Kühlschrank gestellt, am besten aber eingefroren werden. Bei Bedarf hält man den Flaschenhals unter warmes Wasser, sodass etwas Öl schmilzt, gerade so viel, wie man braucht, gibt es tropfenweise an das Gericht und friert das übrige Öl sofort wieder ein. So hält sich das Aroma am besten und das Öl wird trotz des geringen Verbrauchs nicht ranzig. Andere empfindliche Öle, wie Walnussöl und Kürbiskernöl, können ebenso behandelt werden. «

Rahmsuppe von grünen Bohnen mit Dill und Zandernockerln

Für die Zandernockerln:

130 g Zanderfilet (ohne Haut und Gräten)

Salz · Pfeffer aus der Mühle

130 g kalte Sahne

½ TL scharfer Senf

1 Msp abgeriebene unbehandelte Zitronenschale

1 Prise Cayennepfeffer

etwas frisch geriebene Muskatnuss

Für die Suppe:

½ Zwiebel

1 mittelgroße Kartoffel (150 g)

1 l Gemüsebrühe

80 g Sahne

20 g kalte Butter

1 Streifen unbehandelte Zitronenschale

je 1 Scheibe Knoblauch und Ingwer

Salz

1 Prise Cayennepfeffer

etwas frisch geriebene Muskatnuss

250 g breite Bohnen

1 EL frisch geschnittener Dill

Für 4 Personen

1 Für die Nockerln die Zanderfilets in Würfel schneiden, mit Salz und Pfeffer würzen und ebenso wie die Sahne etwa 5 Minuten vor der Verarbeitung in das Tiefkühlfach stellen.

2 Die Fischfilets in einen elektrischen Zerkleinerer geben. Senf und abgeriebene Zitronenschale hinzufügen und mit Cayennepfeffer und Muskatnuss würzen. Den Fisch pürieren, bis eine Bindung entsteht. Anschließend die Sahne in 3 Portionen hineinmixen, bis die Farce glatt und glänzend ist. In eine Schüssel füllen, falls nötig noch etwas nachwürzen und bis zur Weiterverwendung kalt stellen.

3 In einem Topf reichlich Wasser zum Kochen bringen, gut salzen und vom Herd ziehen. Aus der Farce mit zwei nassen Teelöffeln kleine Nockerln formen, in das Salzwasser legen und 10 Minuten darin ziehen lassen. Mit einer Schaumkelle herausheben und auf Küchenpapier abtropfen lassen.

4 Für die Suppe die Zwiebel und die Kartoffel schälen und beides klein würfeln. Mit der Brühe in einem Topf knapp unter dem Siedepunkt in etwa 20 bis 25 Minuten weich ziehen lassen. Die Sahne mit der Butter hinzufügen und mit einem Stabmixer pürieren. Zitronenschale, Knoblauch und Ingwer dazugeben und nach einigen Minuten wieder entfernen. Mit Salz, Cayennepfeffer und Muskatnuss abschmecken.

5 Die Bohnen putzen, schräg in 2 bis 3 mm breite Streifen schneiden, in Salzwasser blanchieren, in kaltem Wasser abschrecken und abgießen. Kurz vor dem Anrichten die Suppe nochmals aufschäumen, die Bohnenstreifen hineingeben, erhitzen und den Dill hinzufügen.

6 Die Zandernockerln in vorgewärmte Teller geben und die Suppe darüber verteilen.

» Die Kartoffel gibt der Suppe eine geschmacklich neutrale und natürliche Bindung. Es sollte allerdings nicht zu viel davon verwendet werden, damit zwar eine leichte Bindung, aber keine Kartoffelsuppe entsteht. «

Gemüseeintopf mit Paprikapesto

Für das Paprikapesto:

2 rote Paprikaschoten

2 EL Öl zum Bepinseln

20 g Mandelblättchen

1 Knoblauchzehe (in Scheiben)

5 EL mildes Olivenöl

1 EL frisch geriebener Parmesan

Salz · Pfeffer aus der Mühle

Für den Eintopf:

200 g junger Weißkohl

1 kleine Fenchelknolle

2 Stangen Staudensellerie

120 g kleine weiße Champignons

1 Bund Lauchzwiebeln

100 g grüne Bohnen

Salz · 1 EL Öl

750 ml Geflügelbrühe

1 kleines Lorbeerblatt

1 Thymianzweig

1 Scheibe Knoblauch

1 Scheibe Ingwer

1 Streifen unbehandelte Zitronenschale

Für 4 Personen

1 Für das Paprikapesto den Backofengrill einschalten. Die Paprikaschoten halbieren, waschen und Stielansätze und Kerne entfernen. Die Paprikahälften mit der Schnittfläche nach unten auf ein Backblech legen und die Oberfläche mit Öl bepinseln. Auf die mittlere Einschubleiste in den vorgeheizten Backofen schieben und die Paprikaschoten darin garen, bis die Haut dunkle Blasen wirft. Aus dem Backofen nehmen, kurz abkühlen lassen, die Haut abziehen und die Paprika grob zerkleinern.

2 Die Mandeln ohne Fett in einer Pfanne hell rösten, herausnehmen und abkühlen lassen. Den Knoblauch in einer Pfanne bei milder Hitze in 1 EL Olivenöl leicht andünsten, herausnehmen und auf Küchenpapier abtropfen lassen.

3 Die Paprikaschoten mit Mandeln, Knoblauch und Parmesan in einen elektrischen Zerkleinerer geben. Mit Salz und Pfeffer würzen, das restliche Olivenöl hinzufügen und alles zu einer Paste mixen.

4 Für den Eintopf die äußeren Blätter des Weißkohls entfernen. Die inneren Blätter ablösen, von den Blattrippen befreien und in Rauten schneiden. Den Fenchel putzen, der Länge nach halbieren und quer in $\frac{1}{2}$ cm breite Streifen schneiden. Den Staudensellerie waschen und schräg in $\frac{1}{2}$ cm breite Streifen schneiden. Die Champignons putzen und vierteln, die Lauchzwiebeln putzen und schräg in $\frac{1}{2}$ cm breite Stücke schneiden. Die Bohnen putzen, schräg in 2 cm lange Stücke schneiden, in Salzwasser blanchieren, in kaltem Wasser abschrecken und in einem Sieb abtropfen lassen.

5 Den Weißkohl, den Fenchel und den Staudensellerie in einem großen Topf bei milder Hitze im Öl anschwitzen. Mit der Geflügelbrühe aufgießen, das Lorbeerblatt hineingeben und das Gemüse in etwa 10 bis 15 Minuten knapp unter dem Siedepunkt gar ziehen lassen. Zum Schluss die Lauchzwiebeln mit den Champignons, den Bohnen, dem Thymian, dem Knoblauch, dem Ingwer und der Zitronenschale hinzufügen, die Gewürze einige Minuten im Eintopf ziehen lassen und anschließend wieder entfernen.

6 Den Eintopf auf tiefe Teller verteilen, etwas Paprikapesto darauf geben und dieses schmelzen lassen.

Festtagssuppe

1,2 kg Rinderbrust
Salz · Pfeffer aus der Mühle
2 EL Öl
1 ungeschälte Zwiebel
2 kleine Zwiebeln · 1 Möhre
150 g Knollensellerie
1 Lorbeerblatt
3 Wacholderbeeren
½ TL schwarze Pfefferkörner
1 Streifen unbehandelte
Zitronenschale
5 Petersilienstiele
2 Scheiben Knoblauch
1 Scheibe Ingwer
etwas frisch geriebene Muskatnuss

Für 4 Personen

1 Die Rinderbrust leicht salzen und pfeffern und bei mittlerer Hitze in einer Pfanne im Öl rundherum anbraten. Mit so viel Wasser auffüllen, dass das Fleisch gut bedeckt ist. Bei milder Hitze knapp unter dem Siedepunkt 3 Stunden mehr ziehen als köcheln lassen. Den dabei aufsteigenden Schaum abschöpfen.

2 Die Zwiebel ungeschält halbieren und die Schnittflächen in einer unbeschichteten Pfanne ohne Fettzugabe auf einem Stück Alufolie dunkel bräunen.

3 Das restliche Gemüse schälen und mit der Zwiebel nach 2 Stunden zur Brühe geben, Lorbeerblatt, Wacholderbeeren und Pfefferkörner 30 Minuten vor Garzeitende hinzufügen.

4 Die Brühe durch ein feines Sieb gießen, Gemüse und Fleisch beiseite stellen.

5 Zur Verfeinerung Zitronenschale, Petersilie, Knoblauch und Ingwer einige Minuten darin ziehen lassen und wieder entfernen. Mit Salz und Muskatnuss abschmecken.

Pfannkuchen als Einlage für die Festtagssuppe

2 Eier
70 g Mehl
170 ml Milch
3–4 EL flüssige lauwarme Butter
1 EL glatte Petersilie (grob gehackt)
Salz · Pfeffer aus der Mühle
etwas frisch geriebene Muskatnuss
Butter zum Ausbacken

1 Die Eier verquirlen und mit dem Mehl gut verrühren. Die Milch langsam dazugießen und alles zu einem glatten Teig verarbeiten. Zum Schluss die flüssige Butter mit der Petersilie dazugeben und mit Salz, Pfeffer und Muskatnuss würzen. Den Teig am besten vor der Verarbeitung 30 Minuten ruhen lassen.

2 Eine Pfanne bei milder Temperatur erhitzen und etwas Butter darin schmelzen lassen. Mit einer Kelle etwas Pfannkuchenteig in die Butter geben und die Pfanne so drehen, dass der Teig möglichst dünn auseinander läuft. Sobald eine Seite goldbraun ist, wenden, die zweite Seite ebenfalls bräunen und den Pfannkuchen aus der Pfanne nehmen. Den übrigen Teig auf gleiche Weise verarbeiten und die Pfannkuchen übereinander legen, damit sie nicht austrocknen.

3 In maximal ½ cm breite Streifen schneiden und in der heißen Suppe servieren.

Brätnockerln als Einlage für die Festtagssuppe

150 g Kalbsbrät vom Metzger
3 EL Sahne
1 Msp abgeriebene unbehandelte
Zitronenschale
etwas frisch geriebene Muskatnuss
1/2–1 EL glatte Petersilie
(frisch gehackt)
Salz

1 Das Kalbsbrät mit Sahne glatt rühren und mit Zitronenschale, Muskatnuss und Petersilie würzen.

2 In einem Topf Wasser aufkochen, salzen und vom Herd ziehen. Mit zwei nassen Teelöffeln kleine Nockerln aus dem Brät formen, in das Salzwasser geben und darin etwa 10 Minuten ziehen lassen.

3 Die Nockerln können im Salzwasser warm gehalten werden. Anschließend herausnehmen und in die Suppe geben.

Butternockerln als Einlage für die Festtagssuppe

60 g Toastbrot (entrindet)
60 g weiche Butter
1 Eigelb
1 Ei
1/2 TL Grieß
1/2 TL Mehl
Salz
1 Prise Cayennepfeffer
etwas frisch geriebene Muskatnuss
1 Lorbeerblatt
2 Scheiben Knoblauch
3 Petersilienstiele

1 Das Toastbrot in einem Mixer zerkleinern, auf einen flachen Teller geben und über Nacht offen stehen lassen, damit es trocknet.

2 Die Butter schaumig rühren. Nach und nach Eigelb und Ei hineinrühren.

3 Grieß, Mehl und die Toastbrotbrösel mischen, unter die Buttermasse rühren und mit Salz, Cayennepfeffer und etwas Muskatnuss würzen. Die Masse 10 Minuten ruhen lassen.

4 In einem Topf Wasser mit Lorbeer aufkochen, salzen, den Knoblauch und die Petersilie dazugeben und die Hitze bis knapp unter dem Siedepunkt regulieren. Mit zwei nassen Teelöffeln aus der Masse kleine Nockerln formen und in das Wasser geben. Etwa 15 Minuten darin garen lassen, bis sie an die Oberfläche steigen.

5 Mit einer Schaumkelle herausheben und in der klaren Rindfleischsuppe servieren.

» Als Suppeneinlage eignen sich auch die Geflügelleberknödel von Seite 62. Dafür werden aus der Masse kleine Leberknödel von etwa 3 cm Durchmesser gedreht, allerdings ohne die Wachteleier als Füllung. Sie werden ebenfalls paniert und in Fett ausgebacken. Anschließend lässt man sie auf Küchenpapier abtropfen und serviert sie mit den anderen Einlagen in der Suppe. Werden größere Leberknödel zubereitet, sollten sie nach dem Ausbacken in Fett noch einige Minuten in der Suppe ziehen, damit sie in der Mitte durchgaren. «

Wurzelfleischsuppe mit Meerrettich

1 kleine Zwiebel · 1 Möhre

150 g Knollensellerie

1 kleine Stange Lauch

5 angedrückte Wacholderbeeren

½ TL Pimentkörner

½ TL schwarze Pfefferkörner

1 Scheibe Schweinehals (ca. 350 g)

Salz · Pfeffer aus der Mühle

1–2 EL Öl

1,2 l Geflügelbrühe

1 TL gelbe Senfkörner

1 Lorbeerblatt

2 Scheiben Ingwer

½ Knoblauchzehe

1 Streifen unbehandelte

Zitronenschale

3 Scheiben frischer Meerrettich

Für 4 Personen

1 Zwiebel, Möhre und Knollensellerie schälen. Den Lauch waschen und putzen. Die Gemüse in feine Streifen schneiden. Wacholderbeeren, Piment- und Pfefferkörner in einen Teefilter füllen und diesen verschließen.

2 Die Schweinehalsscheibe mit Salz und Pfeffer würzen und in einem Topf im Öl auf beiden Seiten anbraten. Mit der Brühe aufgießen, die Senfkörner dazugeben und das Ganze etwa 1 Stunde knapp unter dem Siedepunkt gar ziehen lassen. Das Fleisch sollte dabei rosa bleiben. Nach etwa 50 Minuten die Gemüsestreifen hinzufügen. Das Gewürzsäckchen sowie Lorbeerblatt, Ingwer, Knoblauch, Zitronenschale und Meerrettich hineingeben und nach Garzeitende wieder aus dem Sud entfernen.

3 Den Schweinehals aus der Suppe nehmen und in Scheiben schneiden. Das Fleisch mit den Gemüsestreifen in vorgewärmten tiefen Tellern anrichten. Die Suppe darauf verteilen und nach Belieben mit frisch gehobeltem Meerrettich garnieren.

» *Man kann das Wurzelfleisch auch als Brotzeit zubereiten. Dafür 3 EL Puderzucker in eine Pfanne sieben und bei milder Hitze hell karamellisieren lassen, mit 100 ml Rotweinessig ablöschen und sirupartig einköcheln lassen. Den Sud des bereits gegarten Wurzelfleisches mit der Reduktion, etwas Salz, Zucker und 1 Prise Cayennepfeffer herzhaft abschmecken und gegebenenfalls noch mit etwas frischem Essig nachwürzen. Das Fleisch einige Stunden, am besten über Nacht darin ziehen lassen, aus dem Sud nehmen, aufschneiden, in eine tiefe Platte legen und die gekochten Gemüsestreifen darüber verteilen. Für die Marinade ⅛ l der Brühe mit 1 TL scharfem Senf, 2 EL mildem Olivenöl und 1 EL Kürbiskernöl verrühren und mit Salz, Pfeffer und Zucker würzen. Gegebenenfalls noch mit etwas Essig nachwürzen. Die Marinade über das Wurzelfleisch geben, die Schweinehalsscheiben darauf anrichten und mit frisch gehobelten Meerrettichspänen garnieren.* «

Nudeln

Ravioli von Geflügelleber und Apfel in Orangenbutter

Für den Nudelteig:

280 g Mehl

100 g Weizengrieß

3 Eier

2 Eigelb

4 EL Olivenöl

1 Prise Salz

Für die Füllung:

400 g Hühnerleber

1 großer Apfel

1 TL Puderzucker

1 EL Butter

1 TL Majoran (grob gehackt)

1 Msp abgeriebene unbehandelte
Zitronenschale

Salz · Pfeffer aus der Mühle

Zum Fertigstellen:

Mehl zum Ausrollen

1 verquirltes Eiweiß

etwas Grieß

120 g braune Butter (siehe S. 12)

2 Streifen unbehandelte
Orangenschale

1 Scheibe Knoblauch

1 Scheibe Ingwer

Salz

frischer Majoran zum Garnieren

Für 4 Personen

1 Für den Nudelteig Mehl, Grieß, Eier, Eigelb, Olivenöl und Salz mithilfe einer Küchenmaschine zu einem glatten, elastischen Teig verkneten. Den Teig in Frischhaltefolie wickeln und mindestens 30 Minuten im Kühlschrank ruhen lassen.

2 Für die Füllung die Leber von allen Sehnen und Häuten befreien, gallige Stellen (grün) großzügig herausschneiden und die Leber in kleine Würfel schneiden. Den Apfel schälen, entkernen und in maximal 3 bis 4 mm große Würfel schneiden.

3 Den Puderzucker in eine Pfanne sieben und bei milder Temperatur hell karamellisieren lassen. Die Apfelwürfel mit der Butter hineingeben und darin in 1 bis 2 Minuten glasig anschwitzen. Die Leber mit Majoran und Zitronenschale hinzufügen, noch etwa $1/2$ Minute darin mitschwitzen lassen, vom Herd nehmen, mit Salz und Pfeffer würzen, in ein Sieb geben und auskühlen lassen.

4 Zum Fertigstellen den Teig mithilfe einer Nudelmaschine oder einem Nudelholz zu langen, dünnen Bahnen ausrollen, dabei mit etwas Mehl bestäuben. Bis zur Weiterverwendung mit Frischhaltefolie bedecken.

5 Die Hälfte der Teigbahnen dünn mit Eiweiß bestreichen. Darauf im Abstand von 4 bis 5 cm die Apfel-Leber-Füllung setzen. Die übrigen Teigbahnen locker und so glatt wie möglich darüber legen. Die obere Teigplatte mit den Fingern um die Füllung herum andrücken und dabei die Ränder ohne Luftblasen verschließen. Mit einem runden Ausstecher (etwa 6 cm Durchmesser) Ravioli ausstechen und bis zum Kochen auf ein mit Grieß bestreutes Tablett legen.

6 Die braune Butter erwärmen, die Orangenschale mit Knoblauch und Ingwer dazugeben, einige Minuten darin ziehen lassen und wieder entfernen.

7 In einem Topf reichlich Wasser zum Kochen bringen und salzen. Die Ravioli im siedendem Salzwasser 2 Minuten ziehen lassen.

8 Die Ravioli mit einer Schaumkelle aus dem Wasser heben, abtropfen lassen, auf vorgewärmte Teller verteilen und die Orangenbutter darüber träufeln. Mit frischem Majoran garnieren.

Linguine mit Parmesan

400 g Linguine
Salz · 1 EL Olivenöl
225 ml Geflügel- oder
Gemüsebrühe
2 Prisen Cayennepfeffer
einige Tropfen Trüffelöl
40 g kalte Butter
2 Scheiben Knoblauch
1 Scheibe Ingwer
3–4 EL Rucola (grob gehackt)
5 EL frisch geriebener Parmesan
Pfeffer aus der Mühle

Für 4 Personen

1 Die Nudeln in reichlich siedendem Salzwasser bissfest kochen. In ein Sieb abgießen, gut abtropfen lassen, nicht mit Wasser abspülen. Die Nudeln auf einem Tablett ausbreiten, kurz ausdampfen lassen und mit 1 EL Olivenöl vermengen.

2 Für die Schaumsauce 125 ml Brühe mit 1 Prise Cayennepfeffer erhitzen und einige Tropfen Trüffelöl hineingeben. Die Butter hineinmixen, falls nötig noch etwas salzen.

3 In einem Topf die restliche Brühe mit Knoblauch, Ingwer und 1 Prise Cayennepfeffer erhitzen und die Nudeln dazugeben. Sobald die Nudeln heiß sind, den Topf vom Herd nehmen, den Rucola und 3 EL Parmesan hinzufügen und mit Salz und Pfeffer abschmecken. Ingwer und Knoblauch wieder entfernen.

4 Die Nudeln in tiefen Tellern anrichten, mit restlichem Parmesan bestreuen, die Schaumsauce noch einmal aufmixen und darüber ziehen.

Nudelsalat mit Gemüse und Egerlingen

Für die Nudeln:

300 g Farfalle

Salz

1–2 EL Öl

Für das Gemüse:

½ Bund grüner Spargel

150 g kleine Möhren

⅓ Salatgurke

1 kleiner Zucchino

150 g Egerlinge

350 ml Gemüsebrühe

1 EL Öl

Salz · Pfeffer aus der Mühle

Für die Marinade:

2 TL Puderzucker

5 EL Rotweinessig

3 EL weißer Portwein

1 TL scharfer Senf

2–3 EL Olivenöl

Salz · Pfeffer aus der Mühle

Cayennepfeffer

1 EL frisch geschnittener Dill

Für 4 Personen

1 Die Nudeln nach Packungsanweisung in reichlich Salzwasser bissfest kochen, in ein Sieb abgießen und abtropfen lassen. Das Öl darüber träufeln und mit den Nudeln vermischen.

2 Für das Gemüse den Spargel im unteren Drittel schälen, holzige Enden entfernen. Den Spargel der Länge nach halbieren und schräg in 1 bis 2 cm lange Stücke schneiden. Die Möhren schälen, der Länge nach vierteln und anschließend in 1 bis 2 cm lange Stifte schneiden. Die Gurke schälen, der Länge nach halbieren, entkernen und quer in ½ cm breite Stücke schneiden. Den Zucchino waschen, putzen, der Länge nach vierteln und in dünne Scheiben schneiden. Die Egerlinge putzen und vierteln.

3 Spargel, Möhren und Gurken in der Gemüsebrühe bissfest kochen und in ein Sieb abgießen. Die Brühe für die Marinade beiseite stellen.

4 Die Zucchinoscheiben mit den Pilzen in einer Pfanne bei mittlerer Hitze im Öl 2 bis 3 Minuten anbraten. Dann mit Salz und Pfeffer würzen und mit dem anderen Gemüse mischen.

5 Für die Marinade den Puderzucker in eine Pfanne sieben und bei mittlerer Hitze karamellisieren lassen. Mit Essig und Portwein ablöschen und die Flüssigkeit reduzieren lassen. ⅛ l Gemüsebrühe dazugießen, das Ganze vom Herd nehmen, den Senf und das Öl hineingeben und kräftig unterrühren. Mit Salz, Pfeffer und Cayennepfeffer sowie nach Geschmack noch mit etwas Essig abschmecken.

6 Die Nudeln mit dem Gemüse, der Marinade und dem Dill mischen und durchziehen lassen. Den Nudel-Gemüse-Salat kurz vor dem Servieren nochmals abschmecken.

≫ *Der Nudelsalat sollte etwa 30 Minuten durchziehen. Dafür lässt man ihn am besten bei Zimmertemperatur stehen, da er dann viel mehr Aroma entfaltet als gekühlt.* ≪

Lasagne von allerhand Kräutern

Für die Béchamelsauce:

60 g Butter

60 g Mehl

½ l kalte Gemüsebrühe

½ l kalte Milch

½ kleine Zwiebel

1 Lorbeerblatt

2 Gewürznelken

Salz · 1 Prise Cayennepfeffer

etwas frisch geriebene Muskatnuss

Für die Einlage:

½ Zwiebel · 350 g Brunnenkresse

150 g junge Brennnesseln

250 g Bärlauchblätter ohne Stiel

20 g Butter

Salz · Pfeffer aus der Mühle

etwas frisch geriebene Muskatnuss

Zum Fertigstellen:

etwas Butter für die Auflaufform

9 Lasagneblätter

8 dünne Scheiben gekochter

Schinken (ca. 150 g)

120 g geriebener Emmentaler

Für 4 Personen

1 Für die Béchamelsauce in einem Topf die Butter schmelzen, das Mehl darin einige Minuten anschwitzen und die kalte Brühe mit der Milch unter Rühren hinzufügen.

2 Die Zwiebel schälen und mit dem Lorbeerblatt und den Nelken spicken. Die Zwiebel in den Topf geben und das Ganze unter Rühren langsam zum Kochen bringen. 5 bis 10 Minuten kaum merklich köcheln lassen. Die Zwiebel entfernen und die Sauce mit Salz, Cayennepfeffer und Muskatnuss würzen.

3 Für die Einlage die Zwiebel schälen und in kleine Würfel schneiden. Brunnenkresseblätter und Brennnesselblätter von den Stielen zupfen, mit den Bärlauchblättern waschen und trockenschleudern. Die Bärlauchblätter klein schneiden.

4 In einer großen Pfanne bei mittlerer Hitze die Butter schmelzen und die Zwiebeln darin glasig anschwitzen. Die Kräuter hinzufügen und ebenfalls anschwitzen. Mit Salz, Pfeffer und Muskatnuss würzen.

5 Zum Fertigstellen in eine gebutterte Auflaufform 3 Lasagneblätter legen. ¼ der Béchamelsauce darauf verteilen, die Hälfte der Kräuter darauf legen und mit der Hälfte der Schinkenscheiben belegen. Darauf wieder 3 Lasagneblätter legen, erneut Béchamelsauce, Kräuter und Schinken darauf verteilen und wiederum mit 3 Lasagneblättern belegen. Die übrige Béchamelsauce darauf streichen und mit dem Käse bestreuen.

6 Den Backofen auf 175 °C vorheizen und die Lasagne auf der mittleren Einschubleiste etwa 50 Minuten backen.

≫ *Wer etwas mehr grüne Einlage in der Lasagne haben möchte, kann die Kräuter mit blanchiertem Blattspinat vermischen. Für ein vegetarisches Gericht lässt man einfach den Schinken weg.* ≪

Bandnudeln mit Hasenragout

Für das Ragout:

4 nicht zu große Wildhasenkeulen

1 kleine Zwiebel · 1 Möhre

120 g Knollensellerie

1 kleine Petersilienwurzel

1 TL Puderzucker

2 EL Öl · 1 TL Tomatenmark

2 cl Cognac · 50 ml roter Portwein

1/8 l kräftiger Rotwein

350 ml Geflügelbrühe

1 Lorbeerblatt · 5 Pimentkörner

4 Wacholderbeeren

1/2 TL schwarze Pfefferkörner

1 Scheibe Ingwer

1 Streifen unbehandelte
Orangenschale

1 Rosmarinzweig

Salz · Pfeffer aus der Mühle

1 EL Preiselbeeren (aus dem Glas)

20 g kalte Butter

5−10 g Zartbitterschokolade

Für die Nudeln:

320 g Bandnudeln

Salz · 1−2 EL mildes Olivenöl

Zum Fertigstellen:

1/8 l Geflügelbrühe

1 Scheibe Knoblauch

1 Scheibe Ingwer

1 Streifen unbehandelte
Zitronenschale

1 Prise Cayennepfeffer

Für 4 Personen

1 Für das Ragout die Wildhasenkeulen auslösen und in 1 1/2 cm große Würfel schneiden. Das Gemüse schälen und in 1/2 bis 1 cm große Würfel schneiden.

2 Den Puderzucker in eine Pfanne sieben, bei mittlerer Hitze hell karamellisieren lassen und das Gemüse darin in wenigen Minuten glasig anschwitzen.

3 Das Fleisch bei mittlerer Hitze in einem heißen Schmortopf im Öl rundherum anbraten. Das Gemüse hinzufügen, das Tomatenmark unterrühren und mitschwitzen lassen, mit Cognac, Portwein und der Hälfte des Rotweins ablöschen und sirupartig einköcheln lassen. Den übrigen Rotwein hinzufügen und ebenfalls einköcheln lassen. Mit der Brühe aufgießen und gut 1 Stunde knapp unter dem Siedepunkt ziehen lassen.

4 Das Ganze in ein Sieb gießen und abtropfen lassen. 4 EL der Gemüsewürfel mit dem Stabmixer in die Sauce mixen. Lorbeerblatt, Pimentkörner, Wacholderbeeren, Pfefferkörner und Ingwer dazugeben, 10 Minuten darin ziehen lassen und durch ein Sieb passieren, damit die Gewürze zurückbleiben.

5 Die Sauce zum Fleisch und den restlichen Gemüsewürfeln geben und erhitzen. Orangenschale und Rosmarin für einige Minuten dazugeben und anschließend wieder entfernen. Mit Salz, Pfeffer und Preiselbeeren abschmecken und zuletzt die Butter und die Schokolade darin schmelzen lassen.

6 Die Bandnudeln nach Packungsanweisung in reichlich Salzwasser bissfest kochen, in ein Sieb abgießen, abtropfen lassen und mit dem Öl vermischen. Bis zur Weiterverwendung zugedeckt kalt stellen.

7 Zum Fertigstellen in einem Topf die Brühe mit Knoblauch, Ingwer und Zitronenschale erhitzen und den Cayennepfeffer hinzufügen. Die Nudeln darin erhitzen und die Gewürze wieder entfernen. Die Nudeln in tiefen Tellern anrichten und das heiße Hasenragout darüber verteilen.

49

Nudelfleckerl mit Spitzkohl

Für die Nudeln:

250 g Mehl · 100 g Hartweizengrieß
1 Ei · 4 Eigelb
2 EL Olivenöl · 1 Prise Salz

Zum Fertigstellen:

½ junger Spitz- oder Weißkohl
2 EL Öl · 100 ml Gemüsebrühe
1 Streifen unbehandelte
Zitronenschale
Salz · Pfeffer aus der Mühle
1 Prise gemahlener Kümmel
20 g kalte Butter

Für 4 Personen

1 Für die Nudeln Mehl, Grieß, Ei, Eigelb, Olivenöl und Salz zu einem glatten Teig kneten, in Frischhaltefolie gewickelt bei Zimmertemperatur etwa 30 Minuten ruhen lassen. Mit einem bemehlten Nudelholz den Teig dünn ausrollen und mit einem gezackten Teigrad in Dreiecke von 3 bis 4 cm Seitenlänge schneiden. In reichlich Salzwasser in wenigen Minuten bissfest kochen, in einem Sieb abtropfen lassen, auf einem Tablett verteilen, ausdampfen lassen und mit Öl beträufeln.

2 Zum Fertigstellen den Spitzkohl putzen und in etwa gleich große Rauten schneiden. In einer großen Pfanne bei mittlerer Hitze im Öl den Kohl anbraten, die Brühe hinzufügen, die Zitronenschale dazugeben, salzen und pfeffern. Die Nudelfleckerl dazugeben und mit anbraten. Mit Salz, Pfeffer und Kümmel abschmecken, die Zitronenschale entfernen und zuletzt die Butter darin schmelzen lassen.

Dampfnudeln mit Paprika-Rahmkraut

Für die Dampfnudeln:

½ Zwiebel
100 g durchwachsener Speck
½ Stange Lauch
1 EL Öl
Salz · Pfeffer aus der Mühle
⅛ l Milch
25 g frische Hefe
1 Prise Zucker
300 g Mehl
1 Ei · 1 Eigelb
1 TL Salz
30 g weiche Butter
Mehl zum Formen
60 g Butterschmalz
40 g Butter
80 ml Milch

Für 8 Personen

1 Für die Dampfnudeln die Zwiebel schälen und mit dem Speck in kleine Würfel schneiden. Die Lauchstange putzen, der Länge nach halbieren, waschen und in Streifen schneiden. In einer Pfanne bei milder Hitze im Öl den Speck anbraten, etwas später Zwiebeln und Lauch hinzufügen und darin glasig andünsten. Mit Salz und Pfeffer würzen, aus der Pfanne nehmen und auskühlen lassen.

2 Die Hälfte der Milch auf etwa 30 °C erwärmen, die Hefe darin auflösen und den Zucker hineinstreuen. Das Mehl in eine Schüssel sieben und eine kleine Mulde in die Mitte drücken. Die Hefemilch hineingeben, mit wenig Mehl vermischen und etwas Mehl darüber stäuben. Den Vorteig mit einem Küchentuch bedecken und bei Zimmertemperatur etwa 15 Minuten gehen lassen.

3 Die Speck-Zwiebel-Lauch-Mischung mit der restlichen Milch, dem verquirlten Ei und Eigelb und dem Salz zum Mehl geben und alles vermischen. Die weiche Butter hinzufügen und mit einem Kochlöffel oder in der Küchenmaschine zu einem elastischen Teig verarbeiten. Mit einem Küchentuch abdecken und bei Zimmertemperatur mindestens 30 Minuten gehen lassen, bis der Teig die doppelte Größe hat.

Für das Gemüse:

2 Knoblauchzehen

1 TL ganzer Kümmel

1 Streifen unbehandelte
Zitronenschale

1 TL getrockneter Majoran

1 Prise Salz

1 EL weiche Butter

1 junger Weiß- oder Spitzkohl
(ca. 800 g)

2 TL Puderzucker

1 TL Tomatenmark

2 TL Paprikapulver (edelsüß)

½ l Geflügelbrühe

200 g saure Sahne

Salz

Cayennepfeffer

4 Den Teig mit einem Kochlöffel kräftig durchrühren. Mit einem bemehlten Löffel gleich große Stücke von 50 bis 60 g abstechen, auf ein gut bemehltes Tuch setzen, mit etwas Mehl bestäuben und jedes Stück zu einer Kugel formen. Mit einem zweiten Küchentuch bedecken und nochmals 15 Minuten gehen lassen.

5 In einem flachen Topf (etwa 30 cm Durchmesser) Butterschmalz, Butter und Milch erhitzen und die Teigkugeln hineinsetzen. Zudecken und bei milder Hitze auf der vorgeheizten Herdplatte etwa 20 Minuten garen. Den Deckel dabei geschlossen halten! Die Dampfnudeln sollten am Boden eine goldbraune Kruste haben und locker aufgegangen sein.

6 Für das Gemüse den Knoblauch schälen und mit Kümmel, Zitronenschale, Majoran, Salz und Butter zu einer Gewürzpaste hacken.

7 Die äußeren Blätter des Weißkohls entfernen. Die inneren Blätter ablösen, von den Blattrippen befreien und in Rauten schneiden. Den Puderzucker in eine Pfanne sieben und bei mittlerer Hitze karamellisieren lassen. Den Kohl darin anbraten. Tomatenmark und Paprika hineinrühren, Brühe dazugießen und aufkochen lassen. Vom Herd nehmen, die saure Sahne hineinrühren und mit Salz, Cayennepfeffer und Gewürzpaste abschmecken.

Abgeschmolzene Mohnnudeln mit Amarettini

Für den Teig:

360 g Topfen (abgetropfter Quark;
siehe Tipp unten)

500 g gekochte, durchgedrückte
Kartoffeln vom Vortag

60 g Hartweizengrieß

50 g Mehl · 50 g Puderzucker

2 Eigelb · 1 Prise Salz

1 Msp abgeriebene unbehandelte
Zitronenschale

Mark von 1 Vanilleschote

1 Prise Zimtpulver

etwas Grieß zum Formen

Für die Mohnbutter:

150 g Butter · 4 EL Amarettini

3 EL gemahlener Mohn

1 EL Puderzucker

je 1 Stück unbehandelte
Zitronen- und Orangenschale

Für 4 Personen

1 Für den Teig den Quark abtropfen lassen (siehe Tipp).

2 Den Topfen bzw. abgetropften Quark mit den Kartoffeln, dem Grieß, dem Mehl, dem Puderzucker, dem Eigelb und den Gewürzen in eine Schüssel geben und zu einem glatten Teig verarbeiten.

3 Die Masse auf einer leicht mit Grieß bestreuten Arbeitsfläche zu Rollen von 1 bis 2 cm Durchmesser formen. In 1 bis 2 cm lange Scheiben schneiden und mit Grieß zu länglichen Fingernudeln rollen. Die Nudeln auf ein leicht mit Grieß bestreutes Küchentuch geben.

4 Die Fingernudeln in reichlich siedendem Salzwasser garen, bis sie an die Oberfläche steigen. Mit einem Schaumlöffel vorsichtig aus dem Wasser nehmen und abtropfen lassen.

5 Für die Mohnbutter die Butter in einer Pfanne aufschäumen. Die Amarettini grob zerkleinern. Zusammen mit dem Mohn, dem Puderzucker und den Zitrusschalen zur Butter geben, etwas Orangenschale zum Garnieren zurückbehalten. Die Fingernudeln hinzufügen und erhitzen, die Zitrusschalen wieder entfernen.

6 Die fertigen Mohnnudeln auf Tellern anrichten. Mit Puderzucker bestäuben und mit der Orangenschale bestreut servieren.

» Topfen ist der bayerisch-österreichische Ausdruck für Quark und bezeichnet eigentlich einen sehr festen Quark mit wenig Wasseranteil. Handelsübliche Ware muss für dieses Rezept unbedingt abgetropft werden. Dafür wird ein Sieb mit einem geruchsfreien, frischen Küchentuch ausgelegt. Der Quark wird über Nacht in das Sieb gegeben und verliert dabei bis zur Hälfte seines Gewichts an Wasser. Dadurch erhöht sich seine Bindefähigkeit, was für dieses Rezept sehr wichtig ist. «

Knödel

Grießknödel

Für die Knödel:

125 g Hartweizengrieß

½ l Milch

120 g Butter

Salz · ½ Knoblauchzehe

1 kleines Lorbeerblatt

1 Streifen unbehandelte
Zitronenschale

1 Prise Cayennepfeffer

2 mittelgroße Eier

Für den Kochsud:

1 kleine Zwiebel

1 Lorbeerblatt

2 Gewürznelken

1 mittelscharfe Chilischote

1 ungeschälte Knoblauchzehe

Salz

Für 4 Personen

1 Für die Knödel den Grieß bei milder Hitze in einer Pfanne ohne Fett etwas anrösten, sodass er leicht zu duften beginnt. Aus der Pfanne nehmen und auskühlen lassen.

2 Die Milch mit Butter, etwas Salz, Knoblauch, Lorbeerblatt, Zitronenschale und Cayennepfeffer aufkochen. Den Grieß unter Rühren einlaufen lassen und die Masse bei mittlerer Hitze so lange abbrennen, bis sie sich vom Topfboden löst.

3 Den Teig in eine Schüssel geben, die Gewürze entfernen und nach und nach die Eier unterrühren. Alles auf Zimmertemperatur abkühlen lassen, dabei gelegentlich umrühren, sodass man eine geschmeidige, glatte Knödelmasse erhält. Je nach Geschmack noch etwas nachwürzen und mit Frischhaltefolie bedeckt auskühlen lassen. Anschließend mit feuchten Händen golfballgroße Knödel formen.

4 Für den Kochsud die Zwiebel schälen und mit dem Lorbeerblatt und den Nelken spicken. In einem großen Topf reichlich Wasser mit der Zwiebel bis knapp unter dem Siedepunkt erhitzen. Die Chilischote und den Knoblauch hinzufügen, das Wasser salzen. Die Knödel vorsichtig in den Kochsud geben und darin in knapp 15 Minuten gar ziehen lassen.

» Der Grieß wird bei ganz milder Hitze nur ganz hell, auf keinen Fall zu dunkel geröstet, damit er einen milden, fast nussigen Geschmack entwickelt. Anschließend auskühlen lassen, damit er beim Kochen nicht klumpt.
Der Grießknödel nimmt beim Garen noch Kochflüssigkeit auf. Deshalb sollte der Sud gut gewürzt sein, damit der Knödel beim Garen an Geschmack gewinnt und nicht auslaugt. Das gilt auch für andere Knödel, die direkt in Wasser und nicht in Folie gegart werden, zumindest aber sollte das Wasser leicht gesalzen werden. «

Krebsknödel mit Kerbel

Für die Krebse:

10 lebende Flusskrebse

1 Prise ganzer Kümmel · Salz

Für die Krebsbutter:

250 g Butter

1 Streifen unbehandelte
Zitronenschale

1 Scheibe Knoblauch

1 Scheibe Ingwer

Salz

Für die Knödel:

250 g Toastbrot (entrindet)

2 EL Butter · 220 ml Milch

1 TL Wermut (Noilly Prat)

4 Eigelb

Salz · 1 Prise Cayennepfeffer

frisch geriebene Muskatnuss

3 Eiweiß

1 EL frisch geschnittene
Kerbelblättchen

einige Kerbelblättchen
zum Garnieren

Für 4 Personen

1 Krebse und Kümmel für gut 1 Minute in kochendes Salzwasser geben und in kaltem Wasser abschrecken. Schwänze und Scheren abtrennen. Schwänze schälen, den Darm entfernen, das Fleisch vierteln. Die Scheren knacken und mithilfe einer Küchenschere das Fleisch herauslösen. Schwanz- und Scherenfleisch kalt stellen. Die Krebskarkassen gründlich waschen und abtropfen lassen.

2 Den Backofen auf 180 °C vorheizen, die Hälfte der Karkassen auf ein Backblech legen und 20 bis 30 Minuten ohne Fett rösten, bis sie zu duften beginnen. Herausnehmen, in einen Gefrierbeutel geben und mit dem Schnitzelklopfer zerstoßen. Die restlichen Karkassen zur anderweitigen Verwendung einfrieren.

3 Für die Krebsbutter die Butter in einem kleinen Topf bei milder Hitze aufschäumen lassen und den Schaum mit einem Löffel abnehmen. Die Butter noch etwas köcheln lassen, damit das Wasser weitgehend verdampft, und durch ein mit Küchenpapier ausgelegtes Sieb gießen.

4 Geklärte Butter mit Karkassen erhitzen und 30 Minuten knapp unter dem Siedepunkt ziehen lassen. Kurz vor Ende der Garzeit Zitronenschale, Knoblauch und Ingwer dazugeben und noch mitziehen lassen. Das Ganze durch ein Sieb gießen, die Butter auffangen und salzen.

5 Für die Knödel das Brot in kleine Würfel schneiden, in einer Pfanne mit der Butter hell anrösten und in eine Schüssel geben. Die Milch mit Wermut würzen und das Brot damit befeuchten. Das Eigelb hinzufügen und mit Salz, Cayennepfeffer und Muskatnuss würzen. Das Eiweiß mit 1 Prise Salz cremig schlagen und mit dem Krebsfleisch und dem Kerbel unter die Knödelmasse ziehen. Nach Geschmack etwas nachwürzen.

6 3 Blatt starke Alufolie mit je 1 Blatt Frischhaltefolie belegen und mit Butter bepinseln. Die Knödelmasse darauf zu Strängen von 3 bis 4 cm Durchmesser formen. Erst in Frischhalte-, anschließend in Alufolie wickeln, die Enden zunächst andrücken, dann drehen, damit gleichmäßig dicke Rollen entstehen. In siedendes Wasser geben und ein Küchentuch zum Beschweren auf die Rollen legen. In etwa 30 Minuten garen. Mit einer Schaumkelle herausheben.

7 Krebsbutter erhitzen, die Knödel aus den Folien rollen, mit einem Elektromesser in Scheiben schneiden, auf vorgewärmten Tellern anrichten, mit der Butter beträufeln und mit frischen Kerbelblättchen garnieren. Dazu passen marinierte Blattsalate.

Böhmische Serviettenknödel

150 g Weißbrot (altbacken,
aber nicht zu trocken)
500 g Mehl
1 gestr. TL Salz
1 Prise Zucker
etwas frisch geriebene Muskatnuss
30 g Hefe
ca. ¼ l lauwarme Milch
1 Ei · 1 Eigelb
etwas flüssige Butter zum
Bestreichen der Servietten

Für 4 Personen

1 Das Weißbrot in kleine Würfel schneiden und auf einem Backblech im vorgeheizten Backofen bei 170°C ohne Fett goldbraun rösten.

2 Das Mehl mit Salz, Zucker und Muskatnuss mischen, in eine Schüssel geben und die Hefe hineinbröckeln. Unter Rühren Milch, Ei und Eigelb dazugeben und alles zu einem glatten Teig verarbeiten. Das Brot darunter mischen, den Teig zugedeckt an einem warmen Ort 20 Minuten gehen lassen.

3 In einem länglichen, flachen Topf reichlich Salzwasser zum Kochen bringen. 3 Stoffservietten oder Geschirrtücher etwas befeuchten, ausbreiten und mit Butter bestreichen. Den Teig zu 3 Rollen von etwa 15 bis 20 cm Länge mit einem Durchmesser von etwa 4 bis 5 cm formen. Nicht allzu fest in die Servietten wickeln und mit Küchengarn längs der Rolle im Abstand von 3 bis 4 cm binden. Im siedenden Salzwasser unter gelegentlichem Wenden knapp 20 Minuten garen.

4 Die Knödelrollen herausheben und gut abtropfen lassen. Aus den Servietten rollen und mit einem Faden in Scheiben schneiden.

Gebratene Kartoffelknödel auf Wirsing-Pfifferling-Gemüse

Für die Kartoffelknödel:
1 Schalotte
40 g durchwachsener Speck
1 EL Öl
500 g gekochte, durchgedrückte,
ausgekühlte Kartoffeln
30 g fein geraspelte, rohe Kartoffel
50 g Speisestärke · 1 Eigelb
30 g braune Butter (siehe S. 12)
1 EL glatte Petersilie (grob gehackt)
Salz · Pfeffer aus der Mühle
etwas frisch geriebene Muskatnuss
doppelgriffiges Mehl zum Formen

Für 4 Personen

1 Für die Knödel die Schalotte schälen, mit dem Speck in kleine Würfel schneiden. Beides in einer Pfanne bei milder Hitze im Öl anbraten.

2 Gekochte und rohe Kartoffeln sowie Speisestärke, Eigelb, braune Butter und Petersilie mit der Schalotten-Speck-Mischung vermengen. Die Knödelmasse mit Salz, Pfeffer und Muskatnuss würzen.

3 3 Blatt Alufolie von je etwa 25 x 25 cm Seitenlänge mit je 1 Blatt Frischhaltefolie derselben Größe belegen. Die Knödelmasse mit etwas Mehl zu Rollen formen. Diese erst in die Frischhaltefolie, dann in die Alufolie einrollen und die Enden einschlagen.

4 In einem großen Topf reichlich Salzwasser zum Kochen bringen und die Knödel darin zugedeckt in gut 20 Minuten gar ziehen lassen. Aus dem Wasser nehmen und auskühlen lassen.

Für das Gemüse:

½ Kopf Wirsing

Salz

150 g Pfifferlinge

3 EL Öl

80 ml Gemüsebrühe

20 g braune Butter (siehe S. 12)

Pfeffer aus der Mühle

etwas frisch geriebene Muskatnuss

1 EL kalte Butter

5 Für das Gemüse die Wirsingblätter ablösen, von Blattrippen befreien und in 1 bis 2 cm große Rauten schneiden. In Salzwasser blanchieren, in kaltem Wasser abschrecken und in einem Sieb abtropfen lassen.

6 Die Pfifferlinge putzen, größere Pilze zerkleinern. In einer Pfanne 2 EL Öl erhitzen und die Pfifferlinge darin anbraten. Den Wirsing hinzufügen und die Gemüsebrühe dazugießen. Braune Butter unterrühren und das Gemüse mit Salz, Pfeffer und Muskatnuss würzen. Zum Schluss die kalte Butter im Gemüse schmelzen lassen.

7 Kurz vor dem Servieren den Knödel aus den Folien nehmen und in Scheiben schneiden. In einer Pfanne bei milder Hitze im übrigen Öl auf beiden Seiten anbraten. Aus der Pfanne nehmen und auf Küchenpapier abtropfen lassen.

8 Das Wirsing-Pfifferling-Gemüse auf vorgewärmte Teller verteilen und die Kartoffelknödelscheiben darauf anrichten.

≫ Für gefüllte Kartoffelknödel (siehe Bild auf S. 54/55) einfach die Knödel beim Formen mit Croûtons und frischen Kräutern füllen. ≪

Brezen-Weißwurst-Knödel auf Senfsauce

Für die Knödel:

*250 g »fleischige«, weiche Brezen-
stangerl vom Vortag*

250 ml Milch

2 Eier

Salz · Pfeffer aus der Mühle

etwas frisch geriebene Muskatnuss

2 Weißwürste

½ Zwiebel

1 EL Öl

20 g braune Butter (siehe S. 12)

1 EL glatte Petersilie (grob gehackt)

Für die Senfsauce:

100 ml Gemüsebrühe

80–100 g Sahne

1–2 TL scharfer Senf

1–2 TL Weißwurstsenf

20 g kalte Butter

Salz

1 Prise Cayennepfeffer

Für 4 Personen

1 Von den Brezenstangerln das Salz abreiben und die Stangerl in dünne Scheiben oder 1 cm große Würfel schneiden. Die Milch aufkochen, etwas abkühlen lassen, die Eier hineinrühren, mit Salz, Pfeffer und Muskatnuss würzen und mit den Brezen gut vermischen.

2 Die Weißwürste enthäuten, der Länge nach vierteln und quer in knapp 1 cm große Stücke schneiden. Die Zwiebel schälen, in kleine Würfel schneiden und in einer Pfanne bei milder Hitze im Öl glasig dünsten. Mit der warmen braunen Butter, den Weißwurststückchen und der Petersilie in die Brezenmasse geben und je nach Geschmack mit Salz, Pfeffer und Muskatnuss nachwürzen.

3 2 Blatt starke Alufolie jeweils mit Frischhaltefolie belegen. Die Brezenknödelmasse darauf zu länglichen Rollen von etwa 5 cm Durchmesser formen. Erst in die Frischhaltefolie einrollen, dann in die Alufolie einwickeln. Die Enden der Alufolie erst etwas andrücken, dann drehen, sodass eine formschöne Rolle entsteht.

4 Die Knödelrollen in einem entsprechend großen Topf mit siedendem Wasser gut 30 Minuten garen.

5 Für die Senfsauce die Brühe und die Sahne aufkochen lassen, beide Senfsorten hineinrühren, die Butter darin schmelzen lassen und mit Salz und Cayennepfeffer abschmecken.

6 Zum Anrichten die Brezen-Weißwurst-Knödel aus dem Wasser heben, aus den Folien wickeln und heiß mit einem Elektromesser in Scheiben schneiden. Mit der Senfsauce auf vorgewärmten Tellern anrichten. Dazu passt grüner Salat.

» Ausgekühlte Knödel können in Scheiben geschnitten und bei milder Hitze in Butter beidseitig goldbraun gebraten werden. Für ein Knödelgröstel wird zuletzt 1 verquirltes, mit Salz, Pfeffer und Kräutern gewürztes Ei hinzugefügt. Wird der Knödel als Beilage für ein Fleischgericht serviert, lässt man die Weißwürste weg. «

Almkäsknödel

300 g Topfen
(oder sehr gut abgetropfter Quark;
siehe S. 52)
1 kleine Zwiebel · 1–2 EL Butter
200 g Almkäse (würziger,
halbfester Schnittkäse)
50 g weiche Butter · 2 Eigelb
400 g gekochte, durchgedrückte
Kartoffeln vom Vortag
150 g Speisestärke
Salz · Pfeffer aus der Mühle
etwas frisch geriebene Muskatnuss
frisch gemahlener Kümmel
frisch gemahlener Majoran
1 Prise Cayennepfeffer
1 Lorbeerblatt
1 mittelscharfe Chilischote
1 ungeschälte Knoblauchzehe

Für 4 Personen

1 Den Quark, falls kein Topfen zur Hand ist, in ein mit einem geruchs-freien Küchentuch ausgelegtes Sieb geben und über Nacht im Kühl-schrank abtropfen lassen. Handelsüblicher Quark verliert dabei etwa 40 Prozent Flüssigkeit.

2 Die Zwiebel schälen, in kleine Würfel schneiden und in einer Pfanne bei milder Hitze in der Butter hell anbraten. Den Käse in maximal $1/2$ cm große Würfel schneiden.

3 In einer Schüssel die weiche Butter mit dem Eigelb schaumig rühren. Kartoffeln, Topfen bzw. abgetropften Quark, Zwiebeln und Käse sowie 140 g Speisestärke hinzufügen, mit Salz, Pfeffer, Muskatnuss, Küm-mel, Majoran und Cayennepfeffer würzen und zu einer glatten, kom-pakten Masse verarbeiten. Mit feuchten Händen etwa 5 cm große Knö-del formen.

4 In einem Topf 2 l Wasser zum Kochen bringen und salzen. Die restli-che Speisestärke mit etwas kaltem Wasser glatt rühren, in das Wasser geben und köcheln lassen. Zuletzt das Lorbeerblatt, die Chilischote und den Knoblauch hinzufügen. Die Knödel hineingeben und 15 bis 20 Minuten mehr ziehen als köcheln lassen. Aus dem Wasser nehmen und auf Küchenpapier abtropfen lassen.

» Für dieses Rezept ist es wichtig, das Kochwasser mit etwas Speise-stärke leicht zu binden, damit der Käse, der beim Formen der Knödel nicht vollständig in die Masse eingeschlossen ist, beim Garen nicht ausläuft. Diese Technik kann man auch anwenden, wenn man eine lockere Knödelmasse hat, so hält die Masse besser zusammen und der Knödel zerkocht nicht so schnell.
Die Knödel können mit in Butter gebräunten Zwiebeln oder in Salbei-butter abgeschmolzen werden. «

Gefüllte Gänseleberknödel auf Hollerblaukraut

Für die Gänseleberknödel:

½ Zwiebel

1 Msp abgeriebene unbehandelte
Zitronenschale · 1 EL Öl

250 g Toastbrot (entrindet)

1 Ei · 1 Eigelb

1 TL scharfer Senf · ⅛ l Milch

150 g Geflügelleber (durch den
Fleischwolf gedreht)

1 Msp gehackter Knoblauch

1 Prise getrockneter Majoran

1 EL glatte Petersilie (grob gehackt)

12 Wachteleier

Mehl zum Wenden

Weißbrotbrösel · Öl zum Frittieren

Für das Hollerblaukraut:

750 g Rotkohl

1 säuerlicher Apfel

1 EL Puderzucker

200 ml Rotwein

100 ml roter Portwein

125 ml Gemüsebrühe · Salz

1 Lorbeerblatt · 5 Pimentkörner

1 cm Zimtrinde

einige Tropfen Zitronensaft

100 g gezupfte Holunderbeeren

1 Streifen unbehandelte
Orangenschale

1 Scheibe Ingwer

30 g kalte Butter

1–2 EL Balsamicoessig

1 Prise Zucker

Für 4 Personen

1 Für die Gänseleberknödel die Zwiebel schälen, in feine Würfel schneiden und mit der Zitronenschale in einer Pfanne bei milder Hitze im Öl glasig dünsten. Anschließend die Zitronenschale entfernen.

2 Das Toastbrot in ½ bis 1 cm große Würfel schneiden. Ei und Eigelb mit dem Senf verrühren, die Milch erhitzen, mit der Eiermischung verrühren und über das Brot gießen. Vorsichtig vermischen, die Leber mit der angedünsteten Zwiebel, dem Knoblauch, dem Majoran und der Petersilie dazugeben.

3 Die Wachteleier etwa 2 Minuten kochen, abschrecken und pellen. Anschließend im Mehl wenden und mit der Knödelmasse umhüllen. Mit feuchten Händen zu Knödeln formen und in den Weißbrotbröseln wenden. Das Öl in einer Fritteuse auf 160°C erhitzen und die Knödel darin 2 bis 3 Minuten ausbacken. Herausnehmen und auf Küchenpapier abtropfen lassen.

4 Für das Hollerblaukraut den Rotkohl halbieren, den Strunk entfernen und das Kraut in feine Streifen hobeln. Den Apfel schälen, entkernen und eine Hälfte sehr fein reiben.

5 Den Puderzucker in einen Topf sieben und bei mittlerer Hitze karamellisieren lassen, Rotwein und Portwein dazugießen und auf ein Drittel reduzieren lassen. Die Brühe dazugießen, Kraut und geriebenen Apfel hinzufügen. Alles leicht salzen und etwa 1 Stunde bei milder Hitze zugedeckt mehr ziehen als köcheln lassen, dabei immer wieder umrühren. Nach 30 Minuten das Lorbeerblatt, die Pimentkörner und den Zimt hinzufügen.

6 Die andere Hälfte des Apfels in Würfel schneiden und mit einigen Tropfen Zitronensaft beträufeln. Etwa 10 Minuten vor Garzeitende die Apfelwürfel mit den Holunderbeeren, der Orangenschale und dem Ingwer unter das Blaukraut mischen. Zuletzt die Gewürze entfernen, die Butter dazugeben und schmelzen lassen, den Balsamicoessig hinzufügen und das Kraut mit Salz und Zucker abschmecken.

7 Das Hollerblaukraut auf vorgewärmte Teller verteilen und die Gänseleberknödel darauf anrichten. Das Blaukraut kann zum Schluss noch mit Preiselbeerkonfitüre, Johannisbeer- oder Quittengelee abgeschmeckt werden.

Forellenknödel

Für die Farce:

100 g eiskaltes Forellenfilet
(ohne Haut und Gräten)
Salz · Pfeffer aus der Mühle
100 g Sahne · 40 g scharfer Senf
1 Prise Cayennepfeffer
etwas frisch geriebene Muskatnuss
1 Msp abgeriebene unbehandelte
Zitronenschale
einige Tropfen Zitronensaft

Für die Knödel:

200 g Toastbrot (entrindet)
180 ml Milch · 2 Eier
1 EL Dill (frisch gehackt)
Salz · Pfeffer aus der Mühle
etwas frisch geriebene Muskatnuss
2 Räucherforellenfilets

Für 4 Personen

1 Für die Farce die Fischfilets in Würfel schneiden, salzen, pfeffern und ebenso wie die Sahne für 5 Minuten in das Tiefkühlfach stellen. Die Fischstücke in einen hochtourigen elektrischen Zerkleinerer geben, Senf, Cayennepfeffer, Muskatnuss und Zitronenschale hinzufügen und etwas anmixen, bis eine Bindung entsteht.

2 Die Sahne nach und nach dazugießen und weitermixen. Zuletzt den Zitronensaft hinzufügen, bis eine glatte, glänzende Farce entsteht. Bis zur Weiterverwendung kalt stellen.

3 Für die Knödel das Toastbrot in kleine Würfel schneiden. Die Milch einmal aufkochen, über das Brot gießen, die verquirlten Eier und den Dill hinzufügen und zu einer lockeren Masse vermengen. Mit Salz, Pfeffer und Muskatnuss würzen.

4 Die Räucherforellenfilets enthäuten, entgräten und in 7 bis 8 mm große Würfel schneiden. Mit der Knödelmasse und der Farce zu einer glatten Masse verarbeiten und mit Salz und Pfeffer abschmecken.

5 3 Blatt starke Alufolie jeweils mit Frischhaltefolie belegen, die Knödelmasse darauf zu Strängen formen, zuerst in Frischhaltefolie, dann in Alufolie einrollen, in siedendem Wasser knapp unter dem Siedepunkt etwa 25 Minuten ziehen lassen.

Semmelknödel

300 g Weißmehlsemmeln
vom Vortag
280 ml Milch
3 nicht zu große Eier
Salz · Pfeffer aus der Mühle
etwas frisch geriebene Muskatnuss
1 EL glatte Petersilie (grob gehackt)

Für 4 Personen

1 Die Semmeln in dünne Scheiben schneiden. Die Milch einmal aufkochen, vom Herd nehmen und die Eier hineinrühren. Über das Weißbrot gießen, zudecken und einige Minuten ausdampfen lassen. Mit Salz, Pfeffer und Muskatnuss würzen, die Petersilie hinzufügen und das Ganze zu einer glatten Knödelmasse verarbeiten.

2 Mit nassen Händen 5 cm große Knödel formen. In reichlich siedendes Salzwasser geben und in 15 bis 20 Minuten darin gar ziehen lassen.

» Für Speckknödel kann die Masse mit ausgelassenen Speckwürfeln (das ausgebratene Fett entfernen!) und angeschwitzten Zwiebelwürfeln angereichert werden. «

Schwarzbrotknödel

50 g getrocknete Aprikosen
1 EL Orangenlikör
½ Zwiebel
1 EL Öl
250 g Roggenmischbrot
(altbacken, aber nicht zu trocken)
60 g grob gehackte Walnüsse
200 ml Milch
2 Eier
Salz · Pfeffer aus der Mühle
frisch gemahlener Koriander
frisch gemahlener Kümmel

Für 4 Personen

1 Aprikosen in ½ cm große Würfel schneiden, mit Orangenlikör beträufeln und 30 Minuten marinieren. Zwiebel schälen, in kleine Würfel schneiden und in einer Pfanne bei milder Hitze im Öl glasig dünsten.

2 Das Brot in ½ cm große Würfel schneiden und mit Zwiebeln, eingelegten Aprikosen und Walnüssen vermischen. Die Milch einmal aufkochen, über das Brot gießen und zugedeckt 5 Minuten ziehen lassen. Die verquirlten Eier locker darunter mischen. Mit Salz, Pfeffer, Koriander und Kümmel würzen.

3 2 Blatt starke Alufolie jeweils mit Frischhaltefolie belegen. Die Schwarzbrotknödelmasse darauf zu länglichen Rollen von etwa 5 cm Durchmesser formen. Erst in die Frischhaltefolie einrollen, dann in die Alufolie einwickeln. Die Enden der Alufolie erst etwas andrücken, dann drehen, sodass eine formschöne Rolle entsteht.

4 Die Knödelrollen in einem entsprechend großen Topf in siedendem Wasser etwa 30 Minuten garen. Aus dem Wasser heben, aus den Folien wickeln, heiß in Scheiben schneiden und als Beilage servieren.

Knödelsalat

½ Bund Lauchzwiebeln
½ Bund Radieserl
80 g Kirschtomaten
80 g breite Bohnen · Salz
100 g kleine Champignons
1 EL Öl
Pfeffer aus der Mühle
1 Prise gemahlenes Bohnenkraut
⅛ l Gemüsebrühe
1 TL scharfer Senf · 1 Prise Zucker
1–2 EL Rotweinessig
2 EL mildes Oliven- oder
Sonnenblumenöl
750 g Semmelknödel

Für 4 Personen

1 Lauchzwiebeln und Radieserl putzen und in Scheiben schneiden, die Kirschtomaten halbieren. Die Bohnen putzen und schräg in 1 cm breite Stücke schneiden. In reichlich Salzwasser fast weich blanchieren, in kaltem Wasser abschrecken und abtropfen lassen. Die Pilze putzen, nur wenn nötig waschen und halbieren oder vierteln. Bei mittlerer Temperatur eine Pfanne erhitzen, das Öl hineingeben, die Pilze dazugeben und 1 Minute darin anbraten. Wenden, salzen, pfeffern und das Bohnenkraut einstreuen.

2 Die Brühe mit Senf, Zucker, Essig, Salz, Pfeffer und Öl in einem Mixer aufschlagen.

3 Die Knödel je nach Größe halbieren, in Scheiben schneiden und mit dem Gemüse und der Marinade vermischen. Mit Salz, Pfeffer und Zucker abschmecken.

Topfenknödel
mit Nougat-Pflaumen-Füllung

Für 4 Personen

1 Die Mandelsplitter in einer Pfanne ohne Fett leicht anrösten und grob hacken. Die Pflaumen waschen, entstielen, entsteinen und in Würfel schneiden. Das Zwetschgenwasser auf etwa 40 °C erwärmen und mit dem Nougat vermischen. Mandeln und Pflaumen unterrühren.

2 Einen flachen Teller mit Frischhaltefolie bespannen. Mit einem Teelöffel 8 kleine Häufchen aus der Füllung formen und auf die Frischhaltefolie setzen. Kalt stellen und anschließend die Nougatmasse zu kleinen Kugeln formen.

3 Für die Knödel die Butter mit dem Zucker, der Zitrusschale, dem Vanillemark und dem Salz cremig rühren. Das Eigelb unterrühren. Den Topfen und die Weißbrotbrösel hinzufügen und alles zu einer festen Masse verarbeiten.

4 Die Masse in 8 gleich große Stücke teilen, um die Nougatkugeln hüllen und mit feuchten Händen zu gleichmäßigen Knödeln formen.

5 Für die karamellisierten Pflaumen die Pflaumen waschen, halbieren, entsteinen und in Spalten schneiden. Den Puderzucker in eine Pfanne sieben und bei milder Hitze hell karamellisieren lassen. Die Pflaumen mit dem Zimt, der Nelke, der Vanilleschote, der Orangenschale und dem Ingwer hineingeben und etwas anschwitzen. Mit dem Portwein ablöschen, bis auf die Hälfte einköcheln lassen, das Zwetschgenwasser hinzufügen und zuletzt die Butter darin schmelzen lassen. Die Gewürze herausnehmen und die Pflaumen nach Geschmack noch mit etwas Puderzucker nachsüßen.

6 Zum Fertigstellen in einem Topf reichlich Wasser mit etwas Salz und Zucker aufkochen, die Zitrusschalen hinzufügen. Die Knödel darin 10 bis 12 Minuten knapp unter dem Siedepunkt ziehen lassen. Mit einer Schaumkelle herausnehmen, auf Küchenpapier abtropfen lassen und in Zimtbröseln wenden.

7 Die Knödel auf den karamellisierten Pflaumen anrichten, mit Puderzucker bestäuben und sofort servieren.

» Dazu schmeckt Rum- oder Vanillesahne besonders gut. «

Fisch

Laiberl von Lachsforelle und Flusskrebsen

Für die Laiberl:

200 g Lachsforellenfilet (ohne Haut und Gräten) · Salz

200 g Sahne · 1 TL scharfer Senf

Pfeffer aus der Mühle

1 Prise Cayennepfeffer

etwas frisch geriebene Muskatnuss

12 lebende Flusskrebse

½ TL ganzer Kümmel

je 50 g Möhren- und Zucchiniwürfel

8–12 große Salatblätter

Für die Sauce:

1 kleine Stange Sellerie · 1 Zwiebel

1 Petersilienwurzel

½ Fenchelknolle

1 Möhre · 2 Tomaten

1–2 TL Puderzucker

2 TL Tomatenmark

2 cl Cognac · 1 EL Wermut

50 ml Weißwein

400 ml Gemüsebrühe

150 g Sahne

1 kleines Lorbeerblatt

½ TL schwarze Pfefferkörner

10 g getrocknete Champignons

½ Knoblauchzehe (in Scheiben)

Salz · Cayennepfeffer

¼ Salatgurke

Meersalz · Öl für die Form

30 g kalte Butter

Für 4 Personen

1 Für die Laiberl die Fischfilets in Würfel schneiden, salzen und ebenso wie die Sahne 10 Minuten ins Tiefkühlfach stellen. Fisch und Senf im elektrischen Zerkleinerer kurz pürieren, mit Pfeffer, Cayennepfeffer und Muskatnuss würzen. Nach und nach die Sahne hinzufügen, bis eine glatte, glänzende Farce entsteht. Abschmecken und kalt stellen.

2 Die Krebse 1 bis 2 Minuten in kochendes Salzwasser mit Kümmel geben, in kaltem Wasser abschrecken. Die Schwänze und Scheren vom Körper trennen. Schwänze schälen und den Darm entfernen. Scheren knacken und das Fleisch herauslösen. Die Karkassen für die Sauce aufbewahren. Die Gemüsewürfel in Salzwasser blanchieren, in kaltem Wasser abschrecken und abtropfen lassen. Das Krebsfleisch salzen, pfeffern und mit der Farce und den Gemüsewürfeln vermischen.

3 Von den Salatblättern die Blattrippen entfernen, in kochendem Salzwasser blanchieren, in kaltem Wasser abschrecken und leicht überlappend zu 4 großen Kreisen legen. Zwischen zwei Küchentüchern mit einem Nudelholz glatt rollen. Eine Schöpfkelle mit je 1 Salatkreis auslegen. Ein Viertel der Farce hineinfüllen, die überlappenden Blätter darüber schlagen. Nacheinander auf diese Weise 4 Laiberl formen.

4 Für die Sauce den Backofen auf 200°C vorheizen. Die Karkassen waschen, abtropfen lassen, im vorgeheizten Backofen etwa 20 Minuten trocknen lassen und zerkleinern. Das Gemüse putzen, waschen und zerkleinern. Den Puderzucker in einem Topf karamellisieren lassen, Tomatenmark und Tomaten dazugeben und kurz mitdünsten. Das restliche Gemüse und die Karkassen hinzufügen, mit Cognac, Wermut und Wein ablöschen und reduzieren lassen. Brühe, Sahne, Gewürze und Champignons dazugeben. 20 bis 30 Minuten knapp unter dem Siedepunkt ziehen lassen. Kurz vor Garzeitende den Knoblauch dazugeben. Mit Salz und Cayennepfeffer abschmecken. Die Gurke schälen, mit einem Kugelausstecher kleine Kugeln ausstechen, in Salzwasser blanchieren, in kaltem Wasser abschrecken und abtropfen lassen.

5 Etwas Wasser mit Meersalz in einem Kochtopf mit passendem Dämpfeinsatz aufkochen. Die Laiberl auf dem geölten Einsatz 12 Minuten dämpfen. Die Sauce durch ein Sieb gießen, nochmals erhitzen, die Butter hineingeben und die Sauce mit einem Stabmixer aufschäumen, Gurkenkugeln hineingeben und mit den Laiberln anrichten.

Geräucherter Waller auf Rote-Bete-Birnen-Gemüse

Für das Gemüse:

400 g kleine Rote-Bete-Knollen

Salz

½ TL ganzer Kümmel

80 ml Gemüsebrühe

1 Streifen unbehandelte Zitronenschale

1 kleines Stück unbehandelte Orangenschale

je 1 Scheibe Knoblauch und Ingwer

1 kleiner Thymianzweig

20 g kalte Butter

Pfeffer aus der Mühle

einige Tropfen Rotweinessig

1 Prise Zucker

1 reife, aber feste Birne

1–2 TL Puderzucker

Für den Waller:

2 EL nicht aromatisiertes Räuchermehl (im Anglerbedarf erhältlich)

1 EL Öl

Salz · Pfeffer aus der Mühle

8 Wallerfilets (à ca. 60 g, ohne Haut und Gräten)

Zum Fertigstellen:

1 EL gehobelter Meerrettich

1 EL Schnittlauchröllchen

Für 4 Personen

1 Für das Gemüse die Rote Beten in reichlich Salzwasser mit Kümmel in gut 1 Stunde weich kochen. Abgießen, mithilfe eines Küchentuchs schälen und in schmale Spalten schneiden.

2 Die Rote Beten in einer großen Pfanne in der Brühe mit der Zitronenschale, der Orangenschale, dem Knoblauch, dem Ingwer und dem Thymian bei milder Hitze erwärmen. Die Hälfte der Butter darin schmelzen lassen und mit Salz, Pfeffer, Rotweinessig und Zucker abschmecken. Die Gewürze wieder entfernen.

3 Die Birne waschen, vierteln, entkernen und in schmale Spalten schneiden. Den Puderzucker in eine Pfanne sieben und hell karamellisieren lassen. Die Birnen dazugeben, anbräunen, wenden, die restliche Butter zugeben und schmelzen lassen.

4 Für den Waller einen weiten, flachen Topf mit Alufolie auslegen und 1 bis 2 EL Räuchermehl darauf verteilen. Ein passendes Dämpfgitter oder einen Asia-Dämpfkorb darauf setzen und auf dem Herd bei milder Hitze erwärmen, bis leichter Rauch aufsteigt. Den Dämpfeinsatz dünn mit Öl bestreichen.

5 Die Wallerfilets mit Salz und Pfeffer würzen, auf den Dämpfeinsatz legen, den Deckel auflegen und in etwa 10 bis 12 Minuten, je nach Dicke des Fisches, darin gar räuchern.

6 Zum Fertigstellen das Rote-Bete-Gemüse auf vorgewärmte Teller verteilen, die karamellisierten Birnenspalten dazwischen legen und die Wallerfilets daneben anrichten. Mit frisch gehobeltem Meerrettich und Schnittlauch garnieren.

»Der Räuchergeschmack ist bei dieser Methode relativ intensiv. Er wird schwächer, wenn der Fisch vor dem Räuchern erst bei milder Hitze in der Pfanne vorgebraten wird. Dabei reduziert sich die Garzeit im Rauch.«

Hechtnockerln auf Dill-Kraut-Fleckerl

Für die Hechtnockerln:

300 g gut gekühltes Hechtfilet
(ohne Haut und Gräten)
Salz · Pfeffer aus der Mühle
300 g Sahne
1—2 TL scharfer Senf
1 Prise Cayennepfeffer
etwas frisch geriebene Muskatnuss

Für die Dill-Kraut-Fleckerl:

½ kleiner Kopf junger Weißkohl
1—2 EL Öl
80 ml Gemüsebrühe
je 1 Scheibe Knoblauch und Ingwer
1 Streifen unbehandelte
Zitronenschale
20 g kalte Butter
Salz
1 Prise Cayennepfeffer
1 EL frisch geschnittener Dill
einige Dillspitzen zum Garnieren

Für 4 Personen

1 Für die Hechtnockerln die Fischfilets in Würfel schneiden, mit Salz und Pfeffer würzen und ebenso wie die Sahne etwa 5 Minuten vor der Verarbeitung in das Tiefkühlfach stellen, bis sie leicht anfrieren.

2 Die Hälfte des Fischfilets in einen elektrischen Zerkleinerer geben. Den Senf hinzufügen und mit Cayennepfeffer und etwas Muskatnuss würzen. Das Fischfilet pürieren, bis eine Bindung entsteht. Anschließend die Hälfte der Sahne in 3 Portionen unterrühren, bis die Farce glatt und glänzend ist. In eine Schüssel geben und kalt stellen. Das übrige Fischfilet mit der restlichen Sahne auf die gleiche Weise verarbeiten, ebenfalls in die Schüssel geben, alles gut miteinander verrühren und abschmecken. Bis zur Weiterverwendung kalt stellen.

3 In einem weiten Topf reichlich Wasser zum Kochen bringen und gut salzen. Die Hitze nun so weit reduzieren, dass sie sich knapp unter dem Siedepunkt hält.

4 Mit zwei nassen Esslöffeln aus der Farce 16 große Nockerln ausstechen, in das Wasser legen und 15 bis 20 Minuten darin ziehen lassen.

5 Für die Dill-Kraut-Fleckerl den Weißkohl putzen, entstrunken und in Rauten schneiden. In einer großen Pfanne bei mittlerer Hitze im Öl einige Minuten anbraten. Die Brühe dazugießen, den Knoblauch, den Ingwer und die Zitronenschale hinzufügen, einige Minuten darin ziehen lassen und die Gewürze wieder entfernen. Die Butter darin schmelzen lassen und mit Salz und Cayennepfeffer abschmecken. Zuletzt den Dill dazugeben.

6 Die Dill-Kraut-Fleckerl auf Tellern anrichten, die Hechtnockerln mit einer Schaumkelle aus dem Salzwasser heben, etwas abtropfen lassen und darauf setzen. Mit kleinen Dillspitzen garnieren.

»Hecht ist ein ausgezeichneter Fisch für Farce, da er eine gute Bindefähigkeit besitzt. Seine Gräten wachsen Y-förmig und müssen daher mit einem scharfen Messer herausgeschnitten werden, damit eine glatte Farce entsteht. Werden die Gräten vor dem Mixen nicht entfernt, muss die Farce danach mithilfe einer Teigkarte durch ein feines Sieb gestrichen werden, damit die Grätenstücke zurückbleiben.«

Süßwasserbarsch
mit Wacholder und Senfkörnern

2 TL Wacholderbeeren
2 TL gelbe Senfkörner
2 TL schwarze Pfefferkörner
2–3 EL Olivenöl
einige Tropfen Zitronensaft
Salz
4 kleine Süßwasserbarsche
(à ca. 350 g, geschuppt und
ausgenommen)
2–3 EL Öl

Für 4 Personen

1 Den Backofen auf 100 °C vorheizen.

2 Die Wacholderbeeren, die Senf- und die Pfefferkörner in einem Mörser fein zerstoßen. Mit Olivenöl, Zitronensaft und etwas Salz zu einer Paste verarbeiten.

3 Die Haut der Barsche beidseitig mehrmals leicht einritzen. Die Fische innen salzen und außen dünn mit der Gewürzpaste bestreichen.

4 Die Barsche nacheinander in einer großen Pfanne im Öl auf beiden Seiten anbraten. Auf ein Backofengitter legen und im Ofen in 10 bis 15 Minuten fertig garen.

Zanderfilet auf rotem Zwiebelkraut
mit Selleriesauce

Für das Zwiebelkraut:
500 g weiße Zwiebeln
1 EL Puderzucker
150 ml roter Portwein
¼ l Rotwein
1 Lorbeerblatt · 1 EL Senfkörner
5 Pimentkörner
1 Streifen unbehandelte
Orangenschale
je 1 Scheibe Knoblauch und Ingwer
Salz · Pfeffer aus der Mühle

Für die Selleriesauce:
100 g Knollensellerie
370 ml Gemüsebrühe
60 g Sahne · 2 EL kalte Butter

Für 4 Personen

1 Für das Zwiebelkraut die Zwiebeln schälen und der Länge nach in Streifen schneiden. Den Puderzucker in einen Topf sieben und bei mittlerer Hitze karamellisieren lassen. Mit dem Portwein und dem Rotwein ablöschen und das Lorbeerblatt sowie die Senf- und Pimentkörner hinzufügen. Den Wein reduzieren lassen.

2 Die Zwiebeln hineingeben. Orangenschale, Knoblauch und Ingwer hinzufügen, mit Salz und Pfeffer würzen und 15 Minuten ziehen lassen. Lorbeerblatt, Pimentkörner, Orangenschale, Knoblauch und Ingwer anschließend wieder entfernen.

3 Für die Selleriesauce Sellerie schälen und in kleine Würfel schneiden.

4 Die Brühe aufkochen und die Selleriewürfel darin etwa 30 Minuten bei kleiner Hitze weich köcheln. Anschließend die Sahne hinzufügen und alles mit dem Stabmixer pürieren. Die kalte Butter mit dem Stabmixer unterschlagen und die Sauce mit Salz, Pfeffer sowie Cayennepfeffer würzen.

Salz · Pfeffer aus der Mühle
1 Prise Cayennepfeffer

Für den Zander:
600 g Zanderfilet
(mit Haut, ohne Gräten)
Salz · Pfeffer aus der Mühle
1–2 EL Öl

5 Für den Zander die Filets in 8 gleich große Stücke teilen und mit Salz und Pfeffer würzen.

6 In einer Pfanne bei mittlerer Hitze das Öl erwärmen. Den Fisch mit der Hautseite nach unten in 3 bis 4 Minuten kross anbraten. Wenden, die Pfanne vom Herd nehmen und den Fisch darin gar ziehen lassen. Auf Küchenpapier abtropfen lassen.

7 Zum Anrichten die Selleriesauce noch einmal aufschäumen. Je 2 EL Zwiebelkraut in die Mitte eines vorgewärmten tiefen Tellers geben. Die Zanderfilets mit der Hautseite nach oben auf das Zwiebelkraut legen und mit der Selleriesauce servieren.

» Die Selleriesauce kann verfeinert werden, indem in die fertige Sauce für einige Minuten die Räucherhaut von einer oder zwei Räucherforellen eingelegt wird, dadurch geht ein feiner Räuchergeschmack auf die Sauce über. «

Pochierte Stückerl von der Lachsforelle auf Endivien-Kohlrabi-Gemüse

Für das Gemüse:

4 kleine Kohlrabi (etwa 500 g)

400 ml Gemüsebrühe

60 g Sahne

20 g kalte Butter

1 EL braune Butter (siehe S. 12)

3 Scheiben Knoblauch

2 TL geröstete Mandelblättchen

Salz

1 Prise Cayennepfeffer

etwas frisch geriebene Muskatnuss

50 g Endiviensalat

Für die pochierte Lachsforelle:

50 g braune Butter (siehe S. 12)

1 Scheibe Knoblauch

1 Scheibe Ingwer

1 Streifen unbehandelte Zitronenschale

Salz · Pfeffer aus der Mühle

einige Tropfen Zitronensaft

600 g Lachsforellenfilet (ohne Haut und Gräten)

frische Kräuterblätter zum Garnieren

Für 4 Personen

1 Für das Endivien-Kohlrabi-Gemüse die Kohlrabi mit einem Messer dünn schälen und die holzigen Enden entfernen. Kohlrabi vierteln und in 3 bis 4 mm dicke Scheiben schneiden. Die Kohlrabischeiben mit der Brühe in einem weiten Topf in etwa 15 bis 20 Minuten knapp unter dem Siedepunkt gar ziehen lassen. Zwei Drittel der Kohlrabischeiben als Einlage herausnehmen. Den Rest mit dem Kochsud, der Sahne, der kalten Butter, der braunen Butter und dem Knoblauch mit dem Stabmixer pürieren. Zuletzt die Mandeln hinzufügen, das Ganze mit Salz, Cayennepfeffer und Muskatnuss würzen und noch einmal kurz mit dem Stabmixer aufschlagen.

2 Die Endiviensalatblätter gründlich waschen, in knapp ½ cm dicke Streifen schneiden und mit den Kohlrabischeiben und der Kohlrabisauce vermischen.

3 Für die pochierte Lachsforelle die braune Butter nur leicht erwärmen, Knoblauch, Ingwer und Zitronenschale hineingeben, einige Minuten darin ziehen lassen und wieder entfernen. Die Butter mit Salz, Pfeffer und Zitronensaft würzen.

4 Die Lachsforelle in 3 bis 4 cm große Stücke schneiden.

5 In einem Topf Wasser zum Kochen bringen und reichlich salzen. Den Topf vom Herd ziehen, die Forellenstücke hineingeben und 1 bis 1 ½ Minuten darin ziehen lassen, bis der Fisch glasig durch ist. Mit einer Schaumkelle die Fischstücke herausheben, abtropfen lassen, auf einen vorgewärmten Teller geben und mit der Butter beträufeln.

6 Zum Servieren das Endivien-Kohlrabi-Gemüse in vorgewärmte tiefe Teller verteilen, die Lachsforellenstückerl dazwischen legen und mit frischen Kräuterblättern garnieren.

»Pochieren ist eine sehr schonende Garmethode für sensibles Gargut wie Fisch, Bries, Austern, verlorene Eier, aber auch Geflügel, Kalbs- oder Rinderfilet. Da das Gargut meist direkt mit der Garflüssigkeit in Verbindung kommt, wird entweder reichlich gesalzenes Wasser oder stark abgeschmeckter Fond verwendet, damit es nicht auslaugt. Die Gartemperatur ist immer unter dem Siedepunkt, meist bei ca. 80 °C. «

Saiblingtatar auf Schwarzbrot

Für die Schnittlauchsauce:

200 g Crème fraîche

50 g saure Sahne

50 g Sahne

½ TL scharfer Senf

einige Tropfen Zitronensaft

Salz

1 Prise Cayennepfeffer

1 Prise Zucker

2 EL Schnittlauchröllchen

Für das Schwarzbrot:

24 ausgestochene Scheiben Roggenmischbrot (4–5 cm Durchmesser)

40 g Butter

Für das Saiblingtatar:

500 g Saiblingfilets (mit Haut, ohne Gräten)

3 EL mildes Olivenöl

Saft von ½ Zitrone

Salz · Pfeffer aus der Mühle

frisch gemahlene Korianderkörner aus der Mühle

2 EL Saiblingkaviar zum Garnieren

Für 4 Personen

1 Für die Schnittlauchsauce die Crème fraîche mit der sauren Sahne, der Sahne und dem Senf verrühren. Mit dem Zitronensaft, dem Salz, dem Cayennepfeffer und dem Zucker würzen und zuletzt den Schnittlauch untermischen.

2 Die Brotscheiben in einer Pfanne bei milder Hitze in der Butter auf beiden Seiten hell anrösten.

3 Für das Saiblingtatar von den Fischfilets schräg dünne Scheiben abschneiden, sodass dabei nur die Haut übrig bleibt. Das Fischfleisch erst in dünne Streifen, dann in kleine Würfel schneiden und in eine Schüssel geben.

4 Die Fischwürfel zuerst mit dem Olivenöl mischen, anschließend den Zitronensaft hinzufügen und alles mit Salz, Pfeffer und etwas Koriander würzen.

5 Die Brotscheiben auf eine Platte legen und mit einem Eiskugelausstecher je eine Halbkugel des Tatars darauf setzen. Etwas Schnittlauchsauce darüber träufeln und auf jede Schwarzbrotscheibe mit Tatar etwas Saiblingkaviar als Garnitur geben.

»*Diese kleinen Tatartörtchen können zum Aperitif gereicht oder mit etwas Blattsalat als Vorspeise serviert werden. Das Tatar kann einige Stunden vor dem Servieren geschnitten werden, sollte aber unmittelbar vor dem Anrichten erst mariniert werden, da es nachzieht und allmählich wieder an Geschmack verliert. Wichtig beim Marinieren ist dabei, dass das Olivenöl zuerst hinzugefügt wird, dann der Zitronensaft und die Gewürze, damit ein optimaler Geschmack entsteht.* «

In Bierteig gebackener Karpfen auf Vogerlsalat

Für den Karpfen:

je 1 EL ganzer Kümmel, zerbröselte Zimtrinde, Wacholderbeeren, Pfeffer- und Pimentkörner

100 g Speisestärke · ⅛ l Bier

400 g Karpfenfilet (ohne Haut und Gräten) · Salz

70 g Butterschmalz · 7 EL Öl

einige Tropfen Zitronensaft

Für den Salat:

350 g Vogerlsalat (Feldsalat)

70 g geschälte Kartoffel

300 ml Gemüsebrühe

½ Knoblauchzehe (in Scheiben)

1 mittelscharfe Chilischote

1 Lorbeerblatt · 1 Thymianzweig

1 Streifen unbehandelte Zitronenschale

2 EL saure Sahne

1 TL scharfer Senf

1 EL Zitronensaft

2 EL mildes Olivenöl

1 TL Sherry (medium dry)

Salz · 1 Prise Zucker

1 EL Kerbelblättchen (grob gehackt)

Für 4 Personen

1 Für den Karpfen Kümmel, Zimtrinde, Wacholderbeeren, Pfeffer- und Pimentkörner in eine Gewürzmühle füllen. Die Speisestärke auf einen Teller geben und mit der Gewürzmischung würzen. Das Bier in einen tiefen Teller geben.

2 Das Karpfenfilet in 4 bis 5 cm große Stücke schneiden und salzen. Abwechselnd 2-mal hintereinander erst in Stärke, dann in Bier und zuletzt noch einmal in Stärke wenden.

3 In einer Pfanne bei milder Temperatur Butterschmalz und Öl erhitzen. Die panierten Karpfenstücke darin rundherum hell anbraten, aus der Pfanne nehmen und auf Küchenpapier abtropfen lassen. Mit dem Zitronensaft beträufeln.

4 Für den Salat den Vogerlsalat putzen, gründlich waschen und trockenschleudern. Die Kartoffel klein schneiden. In einen Topf geben, die Brühe dazugießen, Knoblauch, Chilischote und Lorbeerblatt dazugeben und die Kartoffelstücke in etwa 20 Minuten weich kochen. Vom Herd nehmen, Thymian und Zitronenschale hineingeben und einige Minuten ziehen lassen. Thymian, Zitronenschale, Chilischote und Lorbeerblatt wieder entfernen.

5 Die saure Sahne, den Senf, den Zitronensaft und das Olivenöl zu den weich gekochten Kartoffeln geben und das Ganze mit dem Stabmixer pürieren. Das Dressing mit Sherry, Salz und Zucker abschmecken und den Kerbel hineinrühren.

6 Den Vogerlsalat mit dem Kartoffel-Sauerrahm-Dressing vermischen. Die Karpfenstücke auf flache Teller verteilen und den Salat dekorativ darauf anrichten.

» *Statt der Speisestärke kann auch doppelgriffiges Mehl verwendet werden. Dabei wird die Hülle zwar nicht ganz so kross, erhält aber eine schöne braune Farbe.* «

Wallergulasch

2 kleine rote Paprikaschoten
1 kleine gelbe Paprikaschote
6 EL Öl
120 g Cocktailtomaten
1 kleine Zwiebel
300 ml Gemüsebrühe
1 Knoblauchzehe
1 Streifen unbehandelte
Zitronenschale
½ TL ganzer Kümmel
½ TL getrockneter Majoran
Salz
2 TL Paprikapulver (edelsüß)
10 g kalte Butter
1 Prise Cayennepfeffer
120 g kleine weiße Champignons
Pfeffer aus der Mühle
500 g Wallerfilet (ohne Haut und
Gräten)
1 ungeschälte Knoblauchzehe

Für 4 Personen

1 Den Backofengrill einschalten.

2 Die Paprikaschoten waschen, vierteln, Stielansätze und Kerne entfernen. Die Paprikaviertel mit der Schnittfläche nach unten auf ein Backblech legen und die Oberfläche mit 2 EL Öl bepinseln. Auf die mittlere Schiene in den vorgeheizten Backofen schieben und die Paprikaschoten darin garen, bis die Haut dunkle Blasen wirft. Aus dem Ofen nehmen, kurz abkühlen lassen und die Haut abziehen. Die gelben Paprikaviertel in Rauten schneiden, die roten grob zerkleinern.

3 Die Cocktailtomaten von den Stielen zupfen, waschen und vierteln. Die Zwiebel schälen und in kleine Würfel schneiden. In einem Topf in 1 EL Öl anschwitzen. Die roten Paprikastücke mit den Tomaten hinzufügen, die Brühe dazugießen und 10 bis 15 Minuten knapp unter dem Siedepunkt ziehen lassen. Mit einem Stabmixer pürieren, durch ein nicht zu feines Sieb passieren und in den Topf zurückgeben.

4 Den Knoblauch schälen und mit der Zitronenschale, dem Kümmel, dem Majoran und 1 Prise Salz zu einer Paste hacken. Die Suppe damit vorsichtig würzen, dann das Paprikapulver hinzufügen. Die kalte Butter dazugeben und alles mit dem Stabmixer aufschlagen. Die gelben Paprikarauten und den Cayennepfeffer hinzufügen und je nach Geschmack mit Salz und den Gewürzen abschmecken.

5 Die Pilze putzen, säubern, halbieren und nur wenn nötig waschen. 1 EL Öl in einer Pfanne bei mittlerer Hitze erwärmen und die Pilze hineingeben. ½ bis 1 Minute anbraten, erst dann wenden, salzen, pfeffern und aus der Pfanne nehmen.

6 Den Waller in 2 bis 2 ½ cm große Stücke schneiden, salzen und pfeffern. In einer Pfanne bei milder Hitze in 2 EL Öl mit der ungeschälten Knoblauchzehe rundherum etwa 2 Minuten anbraten, aus der Pfanne nehmen und auf Küchenpapier abtropfen lassen.

7 Das Paprikagulasch auf vorgewärmte tiefe Teller verteilen, die Champignons darüber streuen und die Wallerstücke darauf setzen.

Gebeizter Huchen

500 g Huchenfilet (mit Haut,
ohne Gräten)
3 EL mildes Olivenöl
⅛ l Gemüsebrühe
1 TL gelbe Senfkörner
1 Streifen unbehandelte
Zitronenschale
einige Stiele glatte Petersilie
je 1 Scheibe Knoblauch und Ingwer
2 EL Zitronensaft
½ TL scharfer Senf
Salz · 1 Prise Cayennepfeffer
1 Prise Zucker
1 EL Dill (fein gehackt)

Für 4 Personen

1 Von den Huchenfilets schräg dünne Scheiben abschneiden, sodass dabei nur die Haut übrig bleibt.

2 Ein großes Stück Frischhaltefolie mit 1 EL Olivenöl bepinseln, die Huchenscheiben mit etwas Abstand auf eine Hälfte der Frischhaltefolie legen, die andere Hälfte darüber legen und mit der flachen Seite eines Fleischklopfers etwas flach klopfen, sodass gleichmäßig dünne Scheiben entstehen. Vorsichtig von der Frischhaltefolie lösen und vier flache Teller damit leicht überlappend belegen.

3 In einem Topf die Brühe erhitzen, Senfkörner, Zitronenschale, Petersilie, Knoblauch und Ingwer dazugeben, einige Minuten darin ziehen lassen und durch ein Sieb abgießen. Zitronensaft, scharfen Senf und das restliche Olivenöl hinzufügen und mit dem Stabmixer aufschlagen. Mit Salz, Cayennepfeffer und Zucker abschmecken, den Dill unterrühren und das Ganze gleichmäßig auf den Huchen träufeln.

Renke auf Kartoffel-Bärlauch-Sauce

Für die Kartoffel-Bärlauch-Sauce:
2 EL Zwiebel- und 50 g Kartoffelwürfel
1 EL Öl · 300 ml Gemüsebrühe
½ Lorbeerblatt · ½ Chilischote
je 1 Scheibe Knoblauch und Ingwer
1 Streifen unbehandelte
Zitronenschale
80 g Sahne · 20 g kalte Butter
Salz · 1 Prise Cayennepfeffer
etwas frisch geriebene Muskatnuss
einige frische Bärlauchblätter

Für die Renkenfilets:
2 EL Öl · 6 Renkenfilets (à ca. 100 g,
mit Haut, ohne Gräten)
Salz · Pfeffer aus der Mühle

Für 4 Personen

1 Für die Kartoffel-Bärlauch-Sauce die Zwiebelwürfel in einem Topf bei milder Hitze im Öl anschwitzen. Die Kartoffelwürfel hineingeben und mit der Gemüsebrühe, dem Lorbeerblatt und der Chilischote knapp unter dem Siedepunkt in etwa 30 Minuten gar ziehen lassen. Nach 25 Minuten Knoblauch, Ingwer und Zitronenschale hinzufügen.

2 Lorbeer, Chili, Knoblauch, Ingwer und Zitronenschale entfernen, Brühe, Sahne und Butter dazugeben und alles mit dem Stabmixer pürieren. Mit Salz, Cayennepfeffer und Muskatnuss abschmecken. Den Bärlauch putzen, gründlich waschen, in feine Streifen schneiden und unter die Sauce rühren.

3 Für die Renkenfilets in einer Pfanne bei milder Hitze das Öl erwärmen. Die Fischfilets halbieren, salzen, pfeffern und auf der Hautseite etwa 2 Minuten kross anbraten. Die Pfanne vom Herd nehmen, die Filets wenden und in der Nachhitze etwa 1 Minute gar ziehen lassen. Die Kartoffel-Bärlauch-Sauce auf vorgewärmte Teller verteilen und die Renkenfilets darauf anrichten.

Wurst

Wurstsalat mit Gemüsemarinade

Für die Gemüsemarinade:

1 mittelgroßer Kohlrabi

2 kleine Möhren

3 Schalotten

6 Stangen grüner Spargel

80 g grüne Bohnen · Salz

2 TL Puderzucker

300 ml Gemüsebrühe

1 TL scharfer Senf

1–2 EL Rotweinessig

2 EL mildes Olivenöl

1 TL Walnussöl

je 1 Scheibe Knoblauch und Ingwer

1 TL Estragon (grob gehackt)

Pfeffer aus der Mühle

1 Prise Cayennepfeffer

1 Prise Zucker

Zum Fertigstellen:

400 g Wiener Würstchen

400 g Kabanossi

1 EL glatte Petersilie (grob gehackt)

Für 4 Personen

1 Für die Marinade Kohlrabi, Möhren und Schalotten schälen, von dem grünen Spargel nur das untere Drittel schälen. Den Kohlrabi achteln und quer in 3 mm dicke Scheiben schneiden. Die Möhren schräg in Scheiben schneiden. Die Schalotten in Ringe schneiden, den Spargel der Länge nach in Scheiben, dann in Stücke schneiden. Die Bohnen putzen, schräg dritteln und in Salzwasser blanchieren. In kaltem Wasser abschrecken, in ein Sieb geben und abtropfen lassen.

2 Den Puderzucker in einen Topf sieben und bei mittlerer Hitze karamellisieren lassen, den Kohlrabi, die Möhren, die Schalotten und den Spargel darin bei milder Hitze glasig dünsten. Mit der Gemüsebrühe aufgießen und das Gemüse darin in knapp 10 Minuten bissfest garen. Vom Herd nehmen, das Ganze in ein Sieb gießen, dabei die Brühe auffangen. Das Gemüse etwas abkühlen lassen und mit den Bohnen mischen.

3 Die Hälfte der Brühe mit Senf, Essig und Öl verrühren. Knoblauch, Ingwer und Estragon hineingeben, einige Minuten darin ziehen lassen und wieder entfernen. Die Marinade mit Salz, Pfeffer, Cayennepfeffer und Zucker herzhaft abschmecken.

4 Zum Fertigstellen die Wiener Würstchen schräg in 1 bis 2 cm breite Scheiben, die Kabanossi schräg in ebenso breite Scheiben schneiden. Mit dem Gemüse und der Marinade vermischen und die Petersilie darunter ziehen. Den Salat nochmals abschmecken und in eine Schüssel oder eine tiefe Platte füllen.

» Essig hat die Eigenschaft, dass er leuchtend grünes Gemüse grau-braun verfärbt. Deshalb werden Gemüsesalate vorzugsweise mit Zitronensaft mariniert, der die grüne Farbe erhält. Wurstsalat schmeckt besser mit Essig, deshalb sollten in diesem Rezept Bohnen und Spargel später hinzugefügt werden, wenn der Wurstsalat länger mariniert wird oder man lässt ihn insgesamt nicht so lange ziehen.
Dieser Wurstsalat kann als Knödel-Wurst-Salat variiert werden. Dafür kurz vor dem Servieren fertig gekochte Knödel in Scheiben schneiden, in Butter auf beiden Seiten hell anbraten, mit dem Wurstsalat mischen und auf Tellern anrichten. «

Süßsauer marinierte Rostbratwürstel

2 Zwiebeln

1 Möhre

150 g Knollensellerie

500 g Nürnberger Rostbratwürstel

1 EL Puderzucker

1 l Geflügelbrühe

1 kleines Lorbeerblatt

5 Wacholderbeeren

5 Pimentkörner

1 TL schwarze Pfefferkörner

3–4 EL Rotweinessig

1 EL Zucker

1 Prise Cayennepfeffer · Salz

2 Scheiben Knoblauch

2 Streifen unbehandelte Zitronenschale

2 Scheiben Ingwer

40 g kalte Butter

2 EL glatte Petersilie (grob gehackt)

Für 4 Personen

1 Das Gemüse schälen und in ½ cm große Würfel schneiden. Die Rostbratwürstel in ½ bis 1 cm dicke Scheiben schneiden.

2 Den Puderzucker in einen Topf sieben und bei mittlerer Hitze karamellisieren lassen. Das Gemüse hinzufügen und darin glasig anschwitzen lassen. Durch den Zucker tritt aus dem Gemüse Saft aus. Dieser bildet bei milder Hitze den Film zum Anschwitzen und ersetzt so das Öl.

3 Mit der Brühe auffüllen, das Lorbeerblatt hinzufügen, Wacholderbeeren, Pimentkörner und schwarzen Pfeffer in ein Gewürzsäckchen füllen und ebenfalls dazugeben. Am besten eignet sich dafür ein Tee-Ei oder ein Teefilter, der mit einer Klammer verschlossen wird. Das Gemüse gut 10 Minuten knapp unter dem Siedepunkt ziehen lassen, bis es fast weich ist.

4 Mit Essig, Zucker, Cayennepfeffer und etwas Salz abschmecken. Die Wurstscheiben mit Knoblauch, Zitronenschale und Ingwer dazugeben, etwa 3 Minuten darin ziehen lassen und anschließend die Gewürze wieder herausnehmen.

5 Den Sud durch ein Sieb gießen, die Butter hineinrühren, mit Zucker, Salz und Essig falls nötig nachwürzen. Den aufgebutterten Fond zu den Rostbratwürsteln zurückgeben, mit Petersilie bestreuen und servieren.

» Dieses Rezept ist abgeleitet von den fränkischen »Sauren Zipfeln«. Herkömmlich werden dafür rohe Nürnberger Rostbratwürstel verwendet, die in einem Sud aus Wasser, Essig, Weißwein, viel Zwiebeln, Lorbeer, Pfeffer oder Wacholder gar ziehen. Sie sind auch als »Blaue Zipfel« bekannt, da die Würste durch das Garen in Essigsud eine leicht bläuliche Farbe annehmen. Sie werden in einer großen Terrine oder in tiefen Tellern im Ganzen mit etwas Sud serviert. «

Brätknödel auf Dillbohnen

Für die Brätknödel:

250 g Toastbrot

180 ml Milch

2 Eier

180 g Schweinswürstelbrät

3 EL Sahne

Salz · Pfeffer aus der Mühle

etwas frisch geriebene Muskatnuss

1 Msp abgeriebene unbehandelte
Zitronenschale

1 EL glatte Petersilie
(frisch gehackt)

Für die Dillbohnen:

400 g breite grüne Bohnen

Salz

80 ml Gemüsebrühe

je 1 Scheibe Knoblauch und Ingwer

1 Msp abgeriebene unbehandelte
Zitronenschale

20 g Butter · Pfeffer aus der Mühle

1 EL Dill (fein gehackt)

Zum Fertigstellen:

etwas Öl zum Braten

Für 4 Personen

1 Für die Brätknödel das Toastbrot in kleine Würfel schneiden. Die Milch einmal aufkochen, über das Brot träufeln und zugedeckt einige Minuten ziehen lassen. Die Eier verquirlen und mit dem Brot vermischen.

2 Das Schweinswürstelbrät mit der Sahne glatt rühren und mit der Weißbrotmischung zu einer gleichmäßigen Masse verarbeiten. Mit Salz, Pfeffer, Muskatnuss, Zitronenschale und Petersilie würzen.

3 2 Stücke Alufolie jeweils mit Frischhaltefolie belegen und je die Hälfte der Masse darauf zu einer Rolle formen. Zuerst in die Frischhaltefolie, dann in die Alufolie einwickeln. Die Enden zusammendrücken und eindrehen.

4 Die Knödelrollen in siedendes Wasser einlegen und knapp unter dem Siedepunkt in etwa 20 Minuten gar ziehen lassen. Aus dem Wasser heben und bis zur Weiterverwendung beiseite stellen.

5 Für die Dillbohnen die Bohnen putzen und schräg in 1 bis 2 cm breite Stücke schneiden. In Salzwasser blanchieren, in kaltem Wasser abschrecken und in einem Sieb abtropfen lassen. Die Brühe mit Knoblauch, Ingwer und Zitronenschale erhitzen, die Bohnen zugeben und darin heiß werden lassen. Die Butter darin schmelzen lassen und mit Salz, Pfeffer und Dill würzen. Knoblauch, Ingwer und Zitronenschale wieder entfernen.

6 Zum Fertigstellen die Knödel aus den Folien wickeln und in 1 cm breite Scheiben schneiden. Die Knödelscheiben in einer Pfanne im Öl auf beiden Seiten hell anbräunen und auf Küchenpapier abtropfen lassen. Die Dillbohnen auf vorgewärmte Teller verteilen und die Knödel daneben anrichten.

≫ *Für die Brätknödel sollte das Brät vom Metzger mit Sahne glatt gerührt werden, damit es weicher wird und sich besser mit der Knödelmasse verbindet. Für die Knödelmasse Milch und Eier mit einem Kochlöffel unter die Toastbrotwürfel mischen, nicht glatt arbeiten, sondern so vermischen, dass das Toastbrot noch weitgehend erhalten bleibt. Dadurch entsteht anschließend ein lockerer Knödel.* ≪

Gebratener Weißwurststrudel auf Linsensalat

Für den Linsensalat:

200 g Berglinsen · 1 Zwiebel

50 g durchwachsener Speck

1 EL Öl · 1 TL Tomatenmark

1 Lorbeerblatt

400 ml Geflügelbrühe

je 50 g Möhren, Knollensellerie und Lauch

1 Prise getrockneter Majoran

4 EL Balsamicoessig

1 EL Sonnenblumenöl

2 EL braune Butter (siehe S. 12)

Salz · 1 Prise Zucker

Pfeffer aus der Mühle

1 Prise Cayennepfeffer

je 1 Scheibe Ingwer und Knoblauch

1 Streifen unbehandelte Orangenschale

Für den Weißwurststrudel:

1 Scheibe Toastbrot (entrindet)

30 g Butter

50 g gepökelte, gekochte Kalbszunge

500 g Weißwurstbrät · 70 g Sahne

1 EL fein gehackte Totentrompeten (ersatzweise andere getrocknete, eingeweichte Pilze)

1 Prise Cayennepfeffer

1 EL glatte Petersilie (grob gehackt)

4 Strudelteigblätter (je 15 x 20 cm)

2 EL Butterschmalz

Für 4 Personen

1 Für den Salat die Linsen 2 Stunden in kaltem Wasser einweichen. Geschälte Zwiebel und Speck in kleine Würfel schneiden und im Öl glasig dünsten. Die Linsen hinzufügen, das Tomatenmark hineinrühren, etwas mitschwitzen lassen, das Lorbeerblatt dazugeben und mit der Brühe aufgießen. Die Linsen 20 Minuten köcheln lassen.

2 Möhren und Sellerie schälen, den Lauch putzen, waschen und alle Gemüsesorten in sehr kleine Würfel schneiden. Möhren und Sellerie nach 10 Minuten zu den Linsen geben und mit Majoran würzen. Die Lauchwürfel einige Minuten vor Garzeitende hinzufügen. Vom Herd nehmen und etwas abkühlen lassen.

3 Die Linsen mit Essig, Öl, brauner Butter, Salz, Zucker, Pfeffer und Cayennepfeffer abschmecken. Ingwer, Knoblauch und Orangenschale hinzufügen. Je nach Geschmack kann noch ein kleines Stück Zimtrinde hineingelegt werden. Ingwer, Knoblauch, Orangenschale und Zimtrinde später wieder entfernen.

4 Für den Weißwurststrudel das Toastbrot so halbieren, dass zwei dünne Scheiben daraus entstehen. Diese in sehr kleine Würfel schneiden und in einer Pfanne bei milder Hitze in der Butter hell anrösten, aus der Pfanne nehmen und auf Küchenpapier abtropfen lassen. Die Kalbszunge in sehr kleine Würfel schneiden.

5 Das Weißwurstbrät mit der Sahne glatt rühren. Die Toastbrotcroûtons, die Kalbszungenwürfel und die Pilze untermischen. Die Füllung mit Cayennepfeffer und frischer Petersilie nachwürzen. Die Strudelteigblätter in der Mitte damit etwa 12 x 6 cm breit und etwa 2 cm hoch bestreichen. Die Teigenden darüber zusammenklappen und festdrücken.

6 Die Strudelpäckchen mit der Nahtseite nach unten bei milder Hitze im Butterschmalz in einer Pfanne anbraten. Hell bräunen, wenden und auf der zweiten Seite ebenfalls bei sehr milder Hitze fertig braten. Aus der Pfanne nehmen und auf Küchenpapier abtropfen lassen.

7 Den Linsensalat auf Teller verteilen, die Strudelpäckchen schräg halbieren und auf dem Salat anrichten.

Gebackene Weißwurstraderln auf Kartoffel-Pfifferling-Salat

Für den Salat:

*750 g vorwiegend
fest kochende Kartoffeln*

Salz · 1 Prise ganzer Kümmel

350 ml Geflügelbrühe

3 EL Weinessig

1 TL scharfer Senf

Salz · Pfeffer aus der Mühle

1 Prise Zucker

200 g Pfifferlinge

1 kleine Zwiebel

4 EL Öl

1 EL Schnittlauchröllchen

Für die Weißwurstraderln:

6 Weißwürste

2 Eier

Salz · Pfeffer aus der Mühle

1 Spritzer Zitronensaft

100 g doppelgriffiges Mehl

100 g Weißbrotbrösel

Öl zum Braten

Für 4 Personen

1 Für den Salat die Kartoffeln in reichlich Salzwasser mit Kümmel weich kochen und in ein Sieb abgießen. Die Kartoffeln möglichst heiß schälen, in Scheiben schneiden und in eine Schüssel geben.

2 Die Geflügelbrühe aufkochen, vom Herd ziehen, Weinessig und Senf unterrühren. Die Brühe mit Salz, Pfeffer und Zucker würzen und zum Marinieren über die Kartoffelscheiben gießen.

3 Die Pfifferlinge putzen und zerkleinern. Die Zwiebel schälen, klein würfeln und in einer Pfanne in 1 EL Öl bei milder Hitze anschwitzen. Die Pfifferlinge zugeben, kurz mitgaren, salzen und pfeffern und mit dem restlichen Öl zu den Kartoffeln geben. Den Schnittlauch untermischen und mit Salz, Pfeffer und Zucker abschmecken.

4 Für die Weißwurstraderln die Würste häuten und schräg in 1 1/2 bis 2 cm dicke Scheiben schneiden.

5 Die Eier in einem tiefen Teller verquirlen und mit Salz, Pfeffer und etwas Zitronensaft würzen. Das Mehl und die Weißbrotbrösel ebenfalls in tiefe Teller geben.

6 Die Weißwurstscheiben nacheinander erst in Mehl, dann im Ei und den Weißbrotbröseln wenden.

7 In einer Pfanne bei mittlerer Temperatur fingerhoch Öl erhitzen. Die Weißwurstscheiben erst auf einer Seite, dann auf der anderen Seite goldbraun braten, herausnehmen und auf Küchenpapier abtropfen lassen. Den Kartoffel-Pfifferling-Salat auf Teller verteilen und die gebratenen Weißwurstraderln darauf anrichten.

» Die Weißwürste sollten für diese Zubereitungsart nicht zu dünn geschnitten werden, sondern wie im Rezept angegeben mindestens 1 1/2 bis 2 cm dick. Dadurch bleiben sie beim Braten saftiger und schöner in Form. «

Bratwurstgröstl

800 g kleine, fest kochende
Kartoffeln

Salz · 1 TL ganzer Kümmel

200 g junger Weißkohl

2 Bund Lauchzwiebeln

200 g breite Bohnen

350 g Nürnberger Rostbratwürstel

350 g Debrecziner

1–2 EL Öl

Pfeffer aus der Mühle

1 Prise getrockneter Majoran

1 Prise gemahlener Kümmel

1 EL glatte Petersilie (grob gehackt)

Für 4 Personen

1 Die Kartoffeln in Salzwasser mit dem Kümmel weich kochen und in ein Sieb abgießen. Die Kartoffeln schälen und auskühlen lassen, anschließend in Scheiben schneiden.

2 Den Weißkohl entstrunken und in Rauten schneiden, die Lauchzwiebeln putzen, waschen und schräg in Scheiben schneiden. Die Bohnen putzen, schräg halbieren, in Salzwasser kochen, in kaltem Wasser abschrecken, in ein Sieb geben und abtropfen lassen. Rostbratwürste und Debrecziner schräg in 2 cm lange Stücke schneiden.

3 Das Öl in einer Pfanne erhitzen und die Kartoffeln darin anbraten. Das Gemüse hinzufügen und mitbraten. Mit Salz, Pfeffer, Majoran und Kümmel würzen und zuletzt die Wurstscheiben hinzufügen.

4 Auf vorgewärmten Tellern anrichten und mit Petersilie bestreuen.

Schwammerlragout mit Regensburgern

1 kleine Zwiebel

4 EL Öl

350 ml Geflügelbrühe

1 kleines Lorbeerblatt

5 g getrocknete Egerlinge (2–3 EL)

100 g Sahne

20 g kalte Butter

1 Streifen unbehandelte Zitronenschale

½ Knoblauchzehe

1 Prise ganzer Kümmel

1 Prise getrockneter Majoran

Salz · 1 Prise Cayennepfeffer

600 g frische gemischte Pilze (z.B. Champignons, Egerlinge, Austernpilze, Pfifferlinge, Steinpilze)

4 Regensburger Würste

Pfeffer aus der Mühle

1 EL glatte Petersilie (grob gehackt)

Für 4 Personen

1 Die Zwiebel schälen, in kleine Würfel schneiden und in einem Topf bei milder Hitze in 1 EL Öl anschwitzen. Mit der Brühe aufgießen, das Lorbeerblatt mit den getrockneten Pilzen dazugeben und 20 Minuten knapp unter dem Siedepunkt garen. Das Lorbeerblatt wieder entfernen, die Sahne dazugießen, das Ganze mit dem Stabmixer pürieren und durch ein feines Sieb passieren.

2 Die Butter dazugeben und mit dem Stabmixer aufschlagen, die Zitronenschale und den Knoblauch dazugeben, einige Minuten darin ziehen lassen und wieder entfernen. Mit Kümmel, Majoran, Salz und Cayennepfeffer abschmecken.

3 Die Pilze putzen und nicht zu klein schneiden, die Regensburger enthäuten und in ½ cm dicke Scheiben schneiden.

4 1 EL Öl in einer großen Pfanne bei mittlerer Temperatur erhitzen, die Hälfte der Pilze hineingeben, etwa ½ Minute darin anbraten, wenden oder schwenken, mit Salz und Pfeffer würzen, herausnehmen und beiseite stellen. Die restlichen Pilze in 1 EL Öl auf die gleiche Weise zubereiten und zu den anderen gebratenen Pilzen geben. Die Pfanne erneut erhitzen, 1 EL Öl hineingeben und die Wurstscheiben darin beidseitig anbraten. Die Pilze wieder in die Pfanne geben und die Petersilie darüber streuen.

5 Zum Anrichten die Pilze mit den Regensburgern auf vorgewärmte tiefe Teller verteilen, die Sauce nochmals mit dem Stabmixer aufschäumen und darüber geben.

»Trockenpilze verleihen Suppen, Fonds und Saucen, je nach Menge, ein feines bis kräftiges Pilzaroma. Für Pilzgerichte verwendet man etwas mehr Trockenpilze, für Fischfond beispielsweise nur ein paar getrocknete Champignons. Sie werden uneingeweicht hinzugefügt, ziehen etwa 20 Minuten unter dem Siedepunkt mit und werden anschließend wieder entfernt. Sie sollen nur etwas von ihrem Geschmack abgeben.

Als Einlage eignen sich besser frische Pilze, sie werden portionsweise in 1 bis 2 Minuten angebraten, bleiben so fest und werden unmittelbar vor dem Servieren zum jeweiligen Gericht gegeben.«

Würsteleintopf

80 g getrocknete weiße Bohnen
(oder 160 g aus der Dose)
80 g getrocknete rote Bohnen
(oder 160 g aus der Dose)
1 Zwiebel · 1 Möhre
120 g Knollensellerie
80 g durchwachsener Speck
3 Tomaten
2 EL Olivenöl · 50 ml Weißwein
$^1/_2$ l Gemüsebrühe
$^1/_2$ kleines Lorbeerblatt
1 Prise Cayennepfeffer
1 gehackte Knoblauchzehe
1 Msp abgeriebene unbehandelte
Zitronenschale
1 Prise getrockneter Majoran
1 Msp frisch gemahlener Kümmel
300 g Debucciner
1 EL glatte Petersilie (grob gehackt)

Für 4 Personen

1 Die getrockneten Bohnen über Nacht in Wasser einweichen. Am nächsten Tag in einem Sieb abtropfen lassen. In reichlich Wasser ohne Salz in etwa 1 $^1/_2$ bis 1 $^3/_4$ Stunden weich kochen, abgießen. Bohnen aus der Dose müssen nur abgegossen werden.

2 Zwiebel, Möhre und Knollensellerie schälen und ebenso wie den Speck in kleine Würfel schneiden. Die Tomaten kreuzweise einritzen, mit kochendem Wasser überbrühen, in kaltem Wasser abschrecken, enthäuten, vierteln, entkernen und in Würfel schneiden.

3 In einem Topf das Olivenöl erhitzen, die Speck- und Gemüsewürfel darin glasig anschwitzen, mit dem Weißwein ablöschen und fast vollständig reduzieren lassen. Die Brühe dazugießen, das Lorbeerblatt dazugeben, mit Cayennepfeffer würzen und in etwa 15 bis 20 Minuten das Gemüse darin fast weich kochen.

4 Die Bohnen mit Tomaten, Knoblauch, Zitronenschale, Majoran und Kümmel hineinrühren. Die Debrecziner in Scheiben schneiden, in die Suppe geben, darin erhitzen, falls nötig noch etwas nachwürzen und mit Petersilie bestreuen.

»Diese Suppe eignet sich gut als Mitternachtsimbiss für eine Party. Sie kann bis zur Zugabe der gekochten Bohnen vorbereitet werden. Suppe, Tomatenwürfel und geschnittene Debecziner separat bis zur Verwendung im Kühlschrank aufbewahren. Die Suppe anschließend erhitzen, mit Knoblauch, Zitrone, Majoran und Kümmel würzen und die Tomatenwürfel hinzufügen. Die Wurst erst einige Minuten vor dem Servieren hineingeben, die Suppe sollte danach nicht mehr kochen. Zuletzt die frischen, nicht zu klein geschnittenen Petersilienblätter hineinrühren.
Die Bohnen sollten ohne Salz gekocht werden, da sich sonst die Garzeit wesentlich verlängert. Am besten werden sie separat voneinander gegart, da die roten Bohnen meist etwas länger dauern als die weißen.«

Blutwurstraderln in Senfkruste auf saurem Kartoffelgemüse

Für das saure Kartoffelgemüse:

500 g kleine Kartoffeln

150 g Knollensellerie

2 kleinere Möhren

350 ml Geflügelbrühe

1 kleines Lorbeerblatt

1 Streifen unbehandelte
Zitronenschale

1 Thymianzweig

100 g saure Sahne

1–2 EL Weißweinessig

Salz · Pfeffer aus der Mühle

1 TL Zucker

1 EL glatte Petersilie (grob gehackt)

Für die Blutwurstraderln:

4 Blutwürste

100 g scharfer Senf

100 g doppelgriffiges Mehl

2–3 EL Öl zum Braten

Für das Spargel-Birnen-Gemüse:

400 g grüner Spargel

1 reife, feste rote Williamsbirne

1 TL Puderzucker

150 ml Gemüsebrühe

30 g Butter

einige Tropfen Zitronensaft

Salz · Pfeffer aus der Mühle

Für 4 Personen

1 Für das Kartoffelgemüse die Kartoffeln, den Knollensellerie und die Möhren schälen und in 2 bis 3 mm dicke Scheiben schneiden. Aus den Selleriescheiben kleinere Scheiben von etwa 3 cm Durchmesser ausstechen.

2 Die Brühe mit dem Lorbeerblatt zum Kochen bringen und das Gemüse darin in etwa 25 Minuten so weich kochen, dass das Gemüse gerade nicht zerfällt. Am Schluss Zitronenschale und Thymian einige Minuten darin ziehen lassen und wie das Lorbeerblatt wieder entfernen.

3 Ein Viertel des Gemüses mit der sauren Sahne mixen und zum anderen Gemüse zurückgeben. Mit Essig, Salz, Pfeffer und Zucker herzhaft abschmecken und mit der Petersilie bestreuen.

4 Für die Blutwurstraderln die Blutwürste häuten und schräg in gut 1 cm dicke Scheiben schneiden. Mit dem Senf rundherum einstreichen und in Mehl wenden.

5 In einer Pfanne bei milder Hitze im Öl auf beiden Seiten anbraten. Auf Küchenpapier abtropfen lassen. Die Blutwurstraderln auf dem sauren Kartoffelgemüse anrichten.

6 Für das Spargel-Birnen-Gemüse den Spargel im unteren Drittel schälen und die holzigen Enden entfernen. Den Spargel der Länge nach halbieren und schräg in 6 cm lange Stücke schneiden. Die Birne waschen, vierteln, entkernen und in schmale Spalten schneiden.

7 Den Puderzucker in eine große Pfanne sieben und bei mittlerer Hitze hell karamellisieren lassen. Den Spargel und die Birnen darin anschwitzen, die Brühe hinzufügen und beides knapp unter dem Siedepunkt in etwa 5 Minuten weich ziehen lassen.

8 Das Spargel-Birnen-Gemüse vom Herd ziehen, die Butter darin schmelzen lassen und mit Zitronensaft, Salz und Pfeffer würzen. Die Blutwurstraderln darauf anrichten.

» Die Blutwurstraderln lassen sich auch als Vorspeise servieren. Hier empfiehlt sich dann statt des sauren Kartoffelgemüses das ebenfalls oben beschriebene Spargel-Birnen-Gemüse. «

Fleisch

Böfflamott

Für die Beize:

Für die Beize:

1 EL Puderzucker

750 ml kräftiger Rotwein

1 1/2 kg flache Rinderschulter

Für den Schmorbraten:

100 g Knollensellerie

4 mittelgroße Zwiebeln

80 g Möhren

2 EL Öl · 1 EL Tomatenmark

2 EL Cognac

1/2 l Geflügelbrühe

1/2 TL Pimentkörner

1/2 TL schwarze Pfefferkörner

2 Zacken Sternanis

1 cm Zimtrinde

5 angedrückte Wacholderbeeren

1 Lorbeerblatt

1/2 Knoblauchzehe

2 Scheiben Ingwer

je 1 Streifen unbehandelte Zitronen- und Orangenschale

2 TL Puderzucker

50 ml Rotweinessig

40 g kalte Butterstückchen

Salz · 1 Prise Zucker

1 Prise Cayennepfeffer

Für 4 Personen

1 Für die Beize den Puderzucker in einen Topf sieben und bei milder Hitze hell karamellisieren lassen, mit Rotwein ablöschen, einmal aufkochen und auskühlen lassen. Die Rindfleischschulter in ein passendes Gefäß geben und mit der Marinade bedecken. 3 bis 6 Tage an einem kühlen Ort darin beizen lassen.

2 Für den Schmorbraten das Gemüse schälen und grob würfeln, das Fleischstück aus der Marinade nehmen und trockentupfen. Die Marinade in einem weiten Topf auf ein Drittel einköcheln lassen. Aufsteigenden Schaum dabei mit einer Schaumkelle abnehmen.

3 Die Rinderschulter in einem Topf im Öl bei mittlerer Hitze rundherum anbräunen und aus dem Topf nehmen. Das Tomatenmark hineinrühren und kurz darin anschwitzen, mit Cognac ablöschen, die Beize und die Brühe dazugießen. Anschließend das angebratene Fleischstück wieder einlegen, das Wurzelgemüse dazugeben. Mit geschlossenem Deckel etwa 3 Stunden knapp unter dem Siedepunkt ziehen lassen, bis es weich ist.

4 20 Minuten vor Garzeitende Pimentkörner, Pfefferkörner, Sternanis, Zimtrinde, Wacholderbeeren, Lorbeerblatt, Knoblauch, Ingwer, Zitronen- und Orangenschale hineingeben.

5 Das Fleisch aus der Schmorsauce nehmen, die Sauce durch ein Sieb gießen, dabei das Gemüse etwas ausdrücken und die Sauce noch etwas einköcheln lassen.

6 Den Puderzucker in eine Pfanne sieben und bei milder Hitze hell karamellisieren lassen, mit Essig ablöschen und sirupartig einköcheln lassen. Die Butter hineinrühren. Die Sauce mit der Essigreduktion, Salz, Zucker und Cayennepfeffer abschmecken.

7 Das Böfflamott in Scheiben schneiden, auf Tellern anrichten und mit der Sauce überziehen.

»Dieses Gericht leitet sich ab von dem klassischen französischen Bœuf à la mode. Das Fleisch wurde herkömmlich in Rotwein eingelegt. Regional unterschiedlich wird es aber auch in Weißwein mariniert.«

Geschmorter Kalbstafelspitz

1 Möhre

1 Zwiebel

150 g Knollensellerie

2 Tomaten

1 kg Kalbstafelspitz

Salz · Pfeffer aus der Mühle

2 EL scharfer Senf

2 EL Pflanzenöl

1 TL Puderzucker

1 EL Tomatenmark

300 ml Rotwein

1/2 l Geflügelbrühe

1 TL Pfefferkörner

1 Lorbeerblatt

6 Pimentkörner

10 g getrocknete Pilze

30 g kalte Butterstückchen

1/2 Knoblauchzehe

1 Streifen unbehandelte Zitronenschale

2 Thymianzweige

Für 4 Personen

1 Den Backofen auf 140 °C vorheizen. Das Gemüse schälen, die Tomaten waschen und alles klein schneiden.

2 Den Kalbstafelspitz mit Salz und Pfeffer würzen und mit etwas Senf bestreichen. In einem Bräter bei mäßiger Hitze im Öl von allen Seiten anbraten und herausnehmen.

3 Den Puderzucker dazusieben und bei mittlerer Hitze hell karamellisieren lassen, das Tomatenmark einrühren und mit etwa einem Drittel des Rotweines ablöschen. Reduzieren, bis fast die ganze Flüssigkeit verdampft ist, den Vorgang einmal wiederholen, dann das Gemüse hineingeben und das Ganze mit dem übrigen Rotwein und der Brühe auffüllen. Aufkochen lassen und den angebratenen Tafelspitz hineinlegen.

4 Im geschlossenen Topf, bei häufigem Begießen mit der Schmorflüssigkeit, in 3 Stunden im Backofen weich schmoren.

5 Nach gut 2 Stunden die Gewürze in die Sauce geben. Die Trockenpilze etwa 20 Minuten vor Garzeitende hinzufügen und in der Sauce nur noch ziehen lassen.

6 Das Fleisch aus der Schmorsauce nehmen, die Sauce mit dem Gemüse durch ein Sieb geben und mit einer Kelle kräftig durchdrücken, damit die Sauce eine natürliche Bindung erhält. Butter und den restlichen Senf hineinmixen, Knoblauch, Zitronenschale und Thymian dazugeben, einige Minuten darin ziehen lassen und wieder entfernen.

7 Den Kalbstafelspitz in Scheiben schneiden und mit der Schmorsauce servieren.

» Das Schmorgemüse eignet sich nach dem Garen auch als Beilage zum Fleisch, da es durch die Rotweinzugabe selbst nach 3 Stunden Garzeit noch seine Form behält und etwas Biss hat. Um das Entfernen der Gewürze zu erleichtern, können sie mit den Trockenpilzen in ein Gewürzsäckchen gebunden zur Sauce gegeben werden. «

Kross gebratene Schweineschulter

500 g Kalbsknochen
(vom Metzger fein gehackt)
2 kg Schweineschulter
(mit Schwarte)
Salz · Pfeffer aus der Mühle
2 EL Öl
³/₄ l Geflügelbrühe
1 kg kleine, fest kochende
Kartoffeln
300 g Schalotten
2 Möhren
200 g Knollensellerie
1 TL Puderzucker
1 TL Tomatenmark
¹/₈ l Malzbier
2 Knoblauchzehen
2 Scheiben Ingwer
2 Lorbeerblätter
¹/₂ TL ganzer Kümmel
¹/₂ TL getrockneter Majoran

Für 6 Personen

1 Den Backofen auf 200 °C vorheizen. Die gehackten Kalbsknochen gleichmäßig auf einem Backblech verteilen und im vorgeheizten Ofen in etwa 1 Stunde rundherum goldbraun rösten. Aus dem Ofen nehmen und abtropfen lassen.

2 Den Backofen auf 140 °C herunterschalten. Die Schweineschulter salzen, pfeffern, mit der Hautseite nach unten in einen Bräter legen und im Öl anbraten. Wenden und etwa ¹/₂ l Geflügelbrühe dazugießen, sodass die Fettschicht ganz mit Brühe bedeckt ist. Die gerösteten Knochen dazugeben und die Schulter im Ofen 1 Stunde braten.

3 Das Gemüse schälen, Kartoffeln und Schalotten der Länge nach vierteln. Möhren und Sellerie in etwa 1 cm breite und 3 cm lange Spalten schneiden. Den Puderzucker in einen breiten, großen Topf sieben und bei mittlerer Hitze karamellisieren lassen. Das Tomatenmark dazugeben, kurz mitschwitzen lassen und mit dem Malzbier ablöschen. Das Bier fast vollständig reduzieren lassen, das Gemüse hineingeben und die restliche Geflügelbrühe dazugießen.

4 Den Braten aus dem Ofen nehmen. Das Fleisch mit der Fettseite nach oben auf ein Brett legen und die Schwarte mit einem Messer rautenförmig einschneiden. Den Bratensaft durch ein Sieb gießen und zu dem Gemüse geben. Das Fleisch mit der Schwarte nach oben auf das Gemüse legen und bei 160 °C in etwa 1 ¹/₂ Stunden fertig schmoren. Etwa 20 Minuten vor Garzeitende Knoblauch, Ingwer, Lorbeerblätter, Kümmel und Majoran dazugeben.

5 Falls die Kruste nicht kross genug ist, zum Schluss die Oberhitze bzw. die Grillfunktion des Backofens dazuschalten. Den Braten aus dem Ofen nehmen, Knoblauch, Ingwer und Lorbeer entfernen und den fertigen Braten in Scheiben schneiden. Das Gemüse und den Bratensaft mit Salz und Pfeffer abschmecken und zum Fleisch servieren.

» Wird der Braten zuerst mit der Schwarte nach unten 1 Stunde in der Brühe gegart, wird die Schwarte weich und lässt sich wesentlich leichter einschneiden als in rohem Zustand. «

Gefüllte Spanferkelbrust

Für die Füllung:

2 EL getrocknete Totentrompeten

250 g Toastbrot (entrindet)

½ Zwiebel

1 EL Öl

⅛ l Milch

3 mittelgroße Eier

1 EL glatte Petersilie (grob gehackt)

Salz · Pfeffer aus der Mühle

etwas frisch geriebene Muskatnuss

Für die Spanferkelbrust:

500 g klein gehackte Kalbsknochen

500 g Schalotten

2 Möhren

2 Stangen Staudensellerie

1 ½ kg Spanferkelbrust mit
eingeschnittener Tasche

Salz · Pfeffer aus der Mühle

2 EL Öl

½ l Geflügelbrühe

1 TL Puderzucker

1 TL Tomatenmark

1 Lorbeerblatt

1 Prise ganzer Kümmel

½ Knoblauchzehe

2 Scheiben Ingwer

1 Streifen unbehandelte
Zitronenschale

1 Prise Cayennepfeffer

Für 4 Personen

1 Die Totentrompeten 5 Minuten in Wasser köcheln lassen, abgießen und klein schneiden. Das Toastbrot in Würfel schneiden, die Zwiebel schälen, klein würfeln und in einer Pfanne im Öl glasig anschwitzen. Die Milch über das Brot träufeln und mit den verquirlten Eiern, den Trompetenpilzen, den Zwiebeln und der Petersilie zu einem lockeren Knödelteig verarbeiten. Mit Salz, Pfeffer und Muskatnuss würzen.

2 Den Backofen auf 220 °C vorheizen. Die Knochen auf einem Blech im vorgeheizten Ofen in etwa 45 Minuten bräunen, das austretende Fett anschließend entfernen. Die Schalotten schälen und halbieren, die Möhren schälen und schräg in ½ cm dicke Scheiben schneiden, den Staudensellerie putzen, waschen und schräg in ½ cm dicke Scheiben schneiden. Die Backofentemperatur auf 140 °C herunterschalten.

3 Die Spanferkelbrust mit der Knödelmasse füllen, mit Rouladen-spießen zustecken, salzen und pfeffern und in einem Bräter auf der Fleischseite im Öl anbraten, herausnehmen und das Bratfett ab-gießen. Die Brühe in den Bräter geben und die Spanferkelbrust mit der Schwartenseite nach unten hineinlegen. Bei geschlossenem Deckel und gelegentlichem Übergießen 1 Stunde darin garen.

4 Das Fleisch nach 1 Stunde wenden, aus dem Bräter nehmen und die Schwarte so einschneiden, wie das Fleisch zum Servieren tranchiert wird. Die Brühe ebenfalls aus dem Bräter gießen. Für den Saucenan-satz den Puderzucker im Bräter bei mittlerer Hitze schmelzen lassen, das Tomatenmark hineinrühren, kurz darin anschwitzen, die Brühe wieder hinzufügen, die gebräunten Knochen hineingeben und die Spanferkelbrust mit der Schwartenseite nach oben darauf setzen.

5 Den Braten ohne Deckel 1 ½ Stunden weiterschmoren lassen, heraus-nehmen, die Sauce durch ein Sieb gießen und die Knochen entfernen. Die passierte Sauce mit dem vorbereiteten Gemüse, dem Lorbeer-blatt und dem Braten wieder in den Bräter geben, den Kümmel darauf streuen und weitere 30 bis 45 Minuten offen schmoren, bis das Gemüse weich ist. Zum Schluss für einige Minuten die Grillfunktion des Backofens zuschalten, damit die Schwarte kross brät.

6 Knoblauch, Ingwer und Zitronenschale in die Sauce geben, einige Minuten darin ziehen lassen und mit dem Lorbeerblatt wieder ent-fernen. Die Sauce mit Salz und Cayennepfeffer abschmecken. Die Spanferkelbrust in Scheiben schneiden und mit der Sauce und dem Schmorgemüse servieren.

Wildschweinbraten

1 EL Puderzucker

4 cl Armagnac

150 ml roter Portwein

10 Backpflaumen

2 Zwiebeln

1 Möhre

120 g Knollensellerie

1,2 kg Wildschweinschulter

Salz · Pfeffer aus der Mühle

2 EL Öl

300 ml kräftiger Rotwein

1 TL Tomatenmark

½ l Geflügelbrühe

2 EL getrocknete Champignons

1 TL schwarze Pfefferkörner

1 TL Wacholderbeeren

½ TL Pimentkörner

1 Lorbeerblatt

1 Splitter einer Zimtrinde

je 1 Streifen unbehandelte
Zitronen- und Orangenschale

2 Scheiben Ingwer

30 g kalte Butter

120 g gekochte, geschälte Maronen

100 g kleine, kernlose Trauben
(gewaschen)

Für 4 Personen

1 Den Puderzucker in eine Pfanne sieben und bei mittlerer Hitze hell karamellisieren lassen, mit Armagnac und Portwein ablöschen, auf etwa die Hälfte einköcheln lassen und die Backpflaumen dazugeben.

2 Den Backofen auf 140 °C vorheizen. Zwiebeln, Möhre und Sellerie schälen und in 1 bis 2 cm große Würfel schneiden. Die Wildschweinschulter mit Salz und Pfeffer würzen und in einem Schmortopf bei mittlerer Hitze im Öl rundherum anbräunen und herausnehmen. Das Bratfett abgießen, mit einem Drittel des Rotweins ablöschen, das Tomatenmark hineinrühren und alles sirupartig einköcheln lassen. Den übrigen Rotwein in 2 Portionen hinzufügen und jeweils reduzieren lassen. Mit der Brühe auffüllen, das Gemüse hinzufügen und die Wildschweinschulter hineinlegen. Im geschlossenen Topf im vorgeheizten Ofen gut 3 Stunden schmoren. Dabei immer wieder wenden. 20 Minuten vor Garzeitende getrocknete Pilze, Pfefferkörner, Wacholderbeeren, Pimentkörner, Lorbeerblatt und Zimtrinde in die Sauce geben. Ganz zum Schluss Zitronenschale, Orangenschale und Ingwer noch einige Minuten darin ziehen lassen.

3 Das Fleisch herausnehmen, die Sauce durch ein Sieb passieren und die Butter in Stückchen hineinmixen. Die Pflaumen mit der Einweichflüssigkeit, den Maronen und den Trauben hinzufügen und mit Salz und Pfeffer abschmecken.

4 Das Fleisch in Scheiben schneiden und, mit der Sauce beträufelt, servieren.

» Damit der Wein seinen guten Geschmack an die Sauce abgibt, sollte er reduziert werden, bevor mit der Brühe aufgegossen wird. Darunter versteht man das Einköcheln bis auf etwa ein Drittel. So verdichtet sich der Geschmack und die Säure geht dabei weitgehend verloren. Sollte an einer fertigen Sauce noch etwas Wein fehlen, diesen immer nur als Reduktion und nicht aus der Flasche hinzufügen. «

Kalbsrahmgulasch

900 g Kalbfleisch aus der Schulter
900 g Zwiebeln
2 EL Öl
1 TL Tomatenmark
½ l Geflügelbrühe
2 kleine Knoblauchzehen
je 1 TL ganzer Kümmel und
Majoran
1−2 Streifen unbehandelte
Zitronenschale
½−1 EL Paprikapulver (edelsüß)
80 g Sahne
Salz · 1 Prise Cayennepfeffer

Für 4 Personen

1 Das Kalbfleisch von groben Sehnen befreien und in 3 bis 4 cm große Würfel schneiden.

2 Die Zwiebeln schälen, halbieren und in Streifen schneiden.

3 Die Kalbfleischwürfel in einem großen Schmortopf im Öl bei mittlerer Hitze anbraten. Die Zwiebeln hinzufügen, darin anschwitzen lassen, das Tomatenmark hineinrühren und etwas mitschwitzen lassen. Mit der Brühe aufgießen und das Fleisch gut 2 Stunden mehr ziehen als köcheln lassen.

4 Den Knoblauch schälen und mit Kümmel, Majoran und Zitronenschale zu einer feinen Paste hacken. Das Gulasch mit der Gewürzpaste und Paprikapulver etwa 15 Minuten vor Garzeitende würzen. Zuletzt die Sahne hinzufügen und mit Salz und Cayennepfeffer abschmecken.

Zwiebelfleisch mit Kartoffel-Endivien-Püree

Für das Zwiebelfleisch:
1,2 kg gepökelte Rinderbrust
500 g Zwiebeln · 2 Lorbeerblätter
2 Gewürznelken
2 EL Butter
1 EL Puderzucker
50 ml roter Portwein
300 ml Rotwein
1 EL Tomatenmark
½ l Geflügelbrühe
100 g getrocknete Aprikosen
1 EL gelbe Senfkörner
1 Streifen unbehandelte
Zitronenschale
2 Scheiben Knoblauch

Für 4 Personen

1 Für das Zwiebelfleisch Wasser in einem Topf aufkochen. Die Rinderbrust waschen, abtropfen lassen und in das kochende Wasser legen. 1 Zwiebel mit 1 Lorbeerblatt und den Nelken spicken und dazugeben. Die Hitze reduzieren und das Fleisch 1 Stunde knapp unter dem Siedepunkt mehr ziehen als köcheln lassen.

2 Die restlichen Zwiebeln schälen und in Streifen schneiden. In einer Pfanne in der Butter langsam bräunen.

3 Den Puderzucker in einen großen, breiten Topf sieben und bei mittlerer Hitze karamellisieren lassen. Mit Portwein und einem Drittel des Rotweins ablöschen, das Tomatenmark dazugeben und den Wein reduzieren lassen. Den übrigen Rotwein in 2 Portionen dazugeben und ebenfalls einkochen lassen. Die Brühe dazugießen, das Fleisch aus dem Wasser nehmen und mit den angebratenen Zwiebeln in die Sauce geben. Das Fleisch bei milder Hitze in weiteren 2 Stunden zugedeckt weich schmoren, dabei das Fleisch ab und zu wenden.

2 Scheiben Ingwer
1 Thymianzweig
Salz · 1 Prise getrockneter Majoran
Pfeffer und Piment aus der Mühle

Für das Kartoffel-Endivien-Püree:
1 kg Kartoffeln · Salz
1 TL ganzer Kümmel
ca. ¼ l Milch
30 g kalte Butter
60 g durchwachsener Speck
1 EL Öl
¼ Kopf Endiviensalat
30 g braune Butter (siehe S. 12)
etwas frisch geriebene Muskatnuss

4 Die Aprikosen halbieren und nach 1 ½ Stunden mit den Senfkörnern und mit 1 Lorbeerblatt zum Schmorbraten geben. Einige Minuten vor Garzeitende die Zitronenschale, den Knoblauch, den Ingwer und den Thymian dazugeben. Zum Schluss die Gewürze wieder entfernen und die Sauce mit Salz, Majoran, Pfeffer und Piment würzen.

5 Für das Kartoffel-Endivien-Püree die Kartoffeln waschen, in Salzwasser mit Kümmel weich kochen, abgießen, heiß schälen und durch eine Kartoffelpresse drücken. Die Milch erhitzen und langsam zu den Kartoffeln geben. So viel Milch unterrühren, bis das Püree sämig und locker ist. Die Butter unterrühren.

6 Die Speckscheiben in 1 cm breite Streifen schneiden, in einer Pfanne bei mittlerer Hitze im Öl kross anbraten, herausnehmen und auf Küchenpapier abtropfen lassen. Den Endiviensalat waschen, gut abtropfen lassen und in dünne Streifen schneiden. Speck- und Salatstreifen unter das warme Kartoffelpüree mischen und mit brauner Butter, Muskatnuss und Salz abschmecken. Das Fleisch in Scheiben schneiden und mit dem Karoffelpüree und der Sauce servieren.

Rehragout

800 g Rehfleisch aus der Schulter

200 g Knollensellerie · 1 Möhre

2 mittelgroße Zwiebeln

1–2 EL Öl · 1 EL Tomatenmark

200 ml Rotwein · 4 cl Cognac

¹/₂ l Geflügelbrühe

1 Lorbeerblatt

¹/₂ TL schwarze Pfefferkörner

5 angedrückte Wacholderbeeren

5 Pimentkörner

¹/₂ Knoblauchzehe

1 Scheibe Ingwer

1 Streifen unbehandelte Orangenschale

1 TL Puderzucker

5 EL Rotweinessig

10 g Zartbitterschokolade

1 EL Johannisbeergelee

Salz · Pfeffer aus der Mühle

20 g Butter

Für die Garnitur:

80 g kleine, kernlose grüne Weintrauben

4 dünne Scheiben gut durchwachsener Speck (60 g)

1 TL Öl

2 Scheiben Toastbrot (entrindet)

50 g Butter

40 g Walnusshälften

Für 4 Personen

1 Für das Ragout das Rehfleisch von Sehnen befreien und in 3 bis 4 cm große Würfel schneiden. Sellerie, Möhre und Zwiebeln schälen und in 2 cm große Würfel schneiden.

2 Das Rehfleisch in einem weiten Topf bei mittlerer Hitze im Öl von allen Seiten anbraten. Das Gemüse mit dem Tomatenmark hineinrühren, etwas mitschwitzen lassen, mit Rotwein und Cognac ablöschen und die Flüssigkeit sirupartig reduzieren lassen. Mit so viel Brühe aufgießen, bis die Fleischstücke damit gut bedeckt sind. Das Rehfleisch in 1 bis 1 ¹/₂ Stunden bei milder Hitze knapp unter dem Siedepunkt weich schmoren. Nach 1 Stunde Lorbeerblatt, Pfeffer, Wacholderbeeren und Pimentkörner dazugeben.

3 Die geschmorten Fleischstücke aus dem Topf nehmen. Die Sauce durch ein Sieb passieren und je nach Konsistenz noch etwas reduzieren lassen. Knoblauch, Ingwer und Orangenschale dazugeben, einige Minuten darin ziehen lassen und wieder entfernen.

4 Den Puderzucker in eine Pfanne sieben und bei mittlerer Hitze hell karamellisieren lassen, mit dem Essig ablöschen und auf die Hälfte reduzieren lassen.

5 Die Schokolade in der Sauce schmelzen lassen, mit dem Johannisbeergelee, Salz, Pfeffer und der Essigreduktion abschmecken. Die Butter in der Sauce schmelzen lassen. Das Fleisch wieder dazugeben und in der Sauce erwärmen. Je nach Geschmack noch mit etwas Sahne verfeinern.

6 Für die Garnitur Weintrauben waschen, abtropfen lassen, eventuell enthäuten und je nach Größe halbieren. Speckscheiben in 1 bis 2 cm breite Streifen schneiden und in einer Pfanne bei mittlerer Hitze im Öl kross braten. Auf einem Küchenpapier abtropfen lassen. Das Toastbrot in 1 cm große Würfel schneiden. In einer Pfanne bei milder Hitze mit 40 g Butter goldbraun rösten. Ebenfalls auf einem Küchenpapier abtropfen lassen. Die Walnusshälften je nach Größe halbieren.

7 Die Weintrauben in einer Pfanne bei milder Hitze in 10 g Butter anschwitzen, Speck und Walnüsse hinzufügen und mit den Croûtons auf das Rehragout streuen.

Hirschgröstel

1 ¹/₂ kg Hirschrücken am Knochen

300 g Kalbsknochen

2 Zwiebeln

1 Möhre

150 g Knollensellerie

1 EL Puderzucker

300 ml kräftiger Rotwein

2 TL Tomatenmark

2 l Geflügel- oder Gemüsebrühe

30 g Lebkuchen (unglasiert)

1 TL Wacholderbeeren

¹/₂ TL Pimentkörner

1 kleines Lorbeerblatt

2 Scheiben Ingwer

2 Scheiben Knoblauch

*2 Streifen unbehandelte
Orangenschale*

Salz · Pfeffer aus der Mühle

*1 EL schwarze Johannisbeer-
konfitüre*

1 EL Cassislikör

80 g kleine Brombeeren

Für das Gröstel:

Salz · Pfeffer aus der Mühle

2 EL Öl

1 große, reife Birne

2 TL Puderzucker

20 g Butter

80 g Himbeeren

Für 4 Personen

1 Den Backofen auf 220 °C vorheizen. Für die Sauce den Hirschrücken vom Knochen lösen und von allen Sehnen befreien. Die Rückenknochen mit den Kalbsknochen klein hacken, mit den Sehnen auf einem Backblech verteilen und im vorgeheizten Ofen etwa 45 Minuten bräunen. Das dabei austretende Fett entfernen. Gemüse schälen und in 2 ¹/₂ bis 3 cm große Stücke schneiden.

2 Den Puderzucker in einen flachen Topf sieben und bei milder Hitze hell karamellisieren lassen, mit einem Drittel des Rotweins ablöschen, das Tomatenmark hineinrühren und sirupartig einköcheln lassen. Den übrigen Rotwein in 2 Portionen hinzufügen und ebenfalls einköcheln lassen. Die gebräunten Knochen mit dem Gemüse dazugeben und mit der Brühe auffüllen, sodass das Ganze gerade bedeckt ist. Knapp unter dem Siedepunkt etwa 2 Stunden ziehen lassen, abgießen und dabei die Sauce auffangen.

3 Lebkuchen, Wacholderbeeren, Pimentkörner und Lorbeerblatt in die Sauce geben, das Ganze sämig einkochen und durch ein Sieb passieren. Ingwer, Knoblauch und Orangenschale dazugeben, 5 Minuten darin ziehen lassen und wieder entfernen. Mit Salz, Pfeffer, Johannisbeerkonfitüre und Cassislikör abschmecken und die gewaschenen Brombeeren hineingeben.

4 Für das Gröstel das Hirschfleisch in 2 cm große Würfel schneiden, salzen und pfeffern. In einer Pfanne bei mittlerer Temperatur im Öl portionsweise rundherum anbräunen, in die heiße, aber nicht kochende Sauce geben und noch einige Minuten darin ziehen lassen.

5 Die Birne waschen, vierteln, entkernen und in schmale Spalten schneiden. Den Puderzucker in einer Pfanne bei milder Hitze hell karamellisieren lassen, die Birnenspalten dazugeben, auf beiden Seiten hell anbraten und die Butter darin schmelzen lassen.

6 Unmittelbar vor dem Anrichten die gewaschenen Himbeeren zum Fleisch geben. Die Fleischstücke mit den Beeren auf vorgewärmten Tellern anrichten, die Birnenspalten dazwischenstecken und die Sauce darüber ziehen.

Lammschulter mit geschmortem Weißkraut und Kopfsalatpesto

Für das Kopfsalatpesto:

70 g Kopfsalatblätter

1 Bund glatte Petersilie

3 EL Mandelblättchen

1 Knoblauchzehe

2 EL frisch geriebener Parmesan

einige Tropfen Zitronensaft

60 ml mildes Olivenöl

60 g braune Butter (siehe S. 12)

Salz · Cayennepfeffer

Für den Braten:

2 Zwiebeln · 150 g Knollensellerie

2 kleine Möhren

1 Lammschulter (ohne Knochen, ca. 1,3 kg)

Salz · Pfeffer aus der Mühle

4 EL Öl · 1−2 TL Puderzucker

300 ml Rotwein

1 EL Tomatenmark

½ l Geflügelbrühe · 1 Lorbeerblatt

2 Scheiben Knoblauch

2 Scheiben Ingwer

1 Rosmarinzweig

1 Streifen unbehandelte Zitronenschale

Cayennepfeffer

Für das Weißkraut:

½ Kopf junger Spitzkohl

1 EL Olivenöl · 1 EL Butter

Salz · Pfeffer aus der Mühle

etwas frisch gemahlener Kümmel

Für 4 Personen

1 Für das Kopfsalatpesto die Salatblätter und die Petersilie waschen und trockenschütteln. Die Petersilienblätter von den Stielen zupfen, in Salzwasser 1 bis 2 Minuten blanchieren, in kaltem Wasser abschrecken und gut ausdrücken. Die Mandeln in einer Pfanne ohne Fett bei milder Hitze anrösten. Den Knoblauch schälen und klein schneiden. Die Salatblätter mit der blanchierten Petersilie, Mandeln, Knoblauch, Parmesan, Zitronensaft, Olivenöl und brauner Butter im Mixer pürieren und mit Salz und Cayennepfeffer abschmecken.

2 Für den Braten das Gemüse schälen, die Zwiebeln in Spalten, Sellerie und Möhren in 1 cm breite und 3 cm lange Stücke schneiden. Die Lammschulter salzen und pfeffern und in einem Bräter in 2 EL Öl rundherum anbraten. Das Fleisch herausnehmen und das Bratfett abgießen. Puderzucker auf den Bratsatz stäuben, bei milder Hitze karamellisieren lassen, mit einem Drittel des Rotweins ablöschen, das Tomatenmark hinzufügen und den Wein reduzieren lassen. Den übrigen Rotwein in 2 Portionen hinzufügen und ebenfalls reduzieren lassen. Die Brühe dazugießen, das Gemüse und die Lammschulter hineingeben und in etwa 2 ½ Stunden gar schmoren, dabei immer wieder übergießen.

3 Das Fleisch aus dem Topf nehmen. Die Sauce nach Belieben noch etwas reduzieren lassen. Lorbeerblatt, Knoblauch, Ingwer, Rosmarin und Zitronenschale einige Minuten darin ziehen lassen und wieder entfernen. Mit Salz und Cayennepfeffer abschmecken.

4 Für das Weißkraut vom Spitzkohl die äußeren Blätter entfernen, den Kohl in 8 Spalten schneiden, vom Strunk so viel abschneiden, dass die Blätter noch zusammenhalten. Die Kohlstücke in einer Pfanne in Olivenöl und Butter bei milder Hitze auf beiden Seiten insgesamt etwa 3 Minuten anbraten, mit Salz, Pfeffer und Kümmel würzen.

5 Zum Anrichten das Fleisch in Scheiben schneiden, auf vorgewärmte Teller legen und etwas Sauce darüber verteilen. Das Weißkraut daneben legen und mit warmem Kopfsalatpesto beträufeln.

»Für die Zubereitung der Weißkrautspalten sollte unbedingt sehr junger, frischer Weißkohl verwendet werden, damit er trotz der kurzen Bratzeit gar wird.«

Schäufele

1 große Zwiebel

1 Möhre

150 g Knollensellerie

2 Schweinsschäufele nach
fränkischem Schnitt (nur der obere
Teil der Schweineschulter, in dem
das Schulterblatt steckt, der Länge
nach mit dem Blatt in ca. 10 cm
dicke Scheiben geschnitten, die
Schwarte bleibt dran)

Salz · 2 EL Öl

ca. ½ l Geflügelbrühe

Pfeffer aus der Mühle

1 Prise ganzer Kümmel

1 Streifen unbehandelte
Zitronenschale

1 Scheibe Ingwer

½ Knoblauchzehe

Für 4–6 Personen

1 Das Gemüse schälen, die Zwiebel vierteln und in ½ cm breite Streifen schneiden, die Möhre der Länge nach halbieren und schräg in ½ cm breite Scheiben schneiden. Den Sellerie in ähnlich große Stifte schneiden.

2 Den Backofen auf 140 °C vorheizen. Die Schäufelestücke salzen und in einem Bräter bei mittlerer Temperatur im Öl auf allen Fleischseiten, aber nicht auf der Schwartenseite anbraten. Herausnehmen, das Bratfett abgießen, mit einem Teil der Brühe ablöschen. Die Schäufelescheiben mit der Schwartenseite nach unten in die Brühe legen, das Gemüse hineingeben und im vorgeheizten Backofen in 1 ½ bis 2 Stunden weich schmoren, dabei ab und zu mit Brühe übergießen.

3 Um einen guten Bratensaft zu erhalten, am Anfang nicht zu viel Brühe angießen, erst nach und nach, je nach Bedarf, immer wieder etwas Brühe hinzufügen. Den angebratenen Bratensaft dabei vom Bräterrand ablösen und wieder in die Flüssigkeit rühren. Nach 1 Stunde die Fleischstücke wenden, sodass die Schwartenseite oben liegt. Die Schwarte so einschneiden, wie das Fleisch anschließend zum Servieren tranchiert wird. Mit Pfeffer und Kümmel würzen.

4 Damit die Schwarte kross wird, zum Schluss für einige Minuten die Grillfunktion des Backofens hinzuschalten und nach Sicht bräunen.

5 Zuletzt Zitronenschale, Ingwer und Knoblauch dazugeben, mehrere Minuten darin ziehen lassen und wieder herausnehmen.

6 Die Schäufelestücke in Scheiben schneiden und mit der Sauce und dem Schmorgemüse servieren.

» Für Portionsschäufele wird die Schweineschulter mit dem Schulterblatt in 5 cm breite Scheiben geschnitten, auf beiden Seiten angebraten und in der Bratflüssigkeit gegart.
Schäufele ist im fränkischen Raum sehr beliebt. Andernorts sollte man das Fleisch für dieses Gericht beim Metzger vorbestellen, da er das Schulterblatt mit der Knochensäge schneiden muss. «

Geschmorte Lammhaxerl

1 größere Zwiebel

1 Möhre

120 g Knollensellerie

½ kleine Fenchelknolle

½ dünne Stange Lauch

4 Lammhinterhaxerl (à 350 g)

Salz · Pfeffer aus der Mühle

2 EL Öl · 1 EL Puderzucker

100 ml roter Portwein

¼ l kräftiger Rotwein

1 EL Tomatenmark

400 ml Geflügelbrühe

1 Lorbeerblatt · 3 Pimentkörner

1 Splitter einer Zimtrinde

½ Knoblauchzehe

2 Scheiben Ingwer

1 Streifen unbehandelte
Zitronenschale

3 Thymianzweige

20 g Butter

Für 4 Personen

1 Zwiebel, Möhre und Sellerie schälen, Fenchel und Lauch putzen, gründlich waschen und alles in ½ bis 1 cm große Würfel schneiden. Den Backofen auf 140 °C vorheizen.

2 Die Lammhaxerl salzen, pfeffern und in einem Schmortopf bei mittlerer Hitze im Öl rundherum anbräunen. Die Haxerl herausnehmen, das Bratfett abgießen, den Puderzucker einsieben, darin kurz karamellisieren lassen, mit Portwein und einem Drittel des Rotweins ablöschen. Das Tomatenmark hineinrühren und sirupartig einköcheln lassen. Den übrigen Rotwein in zwei Portionen hinzufügen und ebenfalls einköcheln lassen. Zwiebeln, Möhren, Sellerie und Fenchel dazugeben, mit der Brühe aufgießen und die Lammhaxerl wieder darauf legen. Mit geschlossenem Deckel im vorgeheizten Backofen in 3 ½ bis 4 Stunden weich schmoren, dabei ab und zu wenden. 30 Minuten vor Garzeitende das Lorbeerblatt mit dem Lauch hinzufügen, das Lorbeerblatt anschließend wieder entfernen.

3 Die Lammhaxerl herausnehmen, die Sauce durch ein Sieb gießen und etwas einköcheln lassen. Den Topf vom Herd ziehen, Pimentkörner, Zimtrinde, Knoblauch, Ingwer, Zitronenschale und Thymian in die Sauce geben und nach mehreren Minuten wieder entfernen. Butter darin schmelzen lassen. Mit Salz und Pfeffer abschmecken und das Gemüse und die Lammhaxerl wieder in der Sauce erwärmen.

≫ *Beim Karamellisieren des Puderzuckers sollte der Topf nicht zu heiß sein. Deshalb zum Anbraten der Haxerl die Temperatur auf mittlerer Stufe wählen, den Topf eventuell noch kurz neben dem Herd stehen lassen, bevor der Puderzucker eingesiebt wird.*
Zum Aromatisieren sollte niemals Zimtpulver, sondern immer Zimtrinde und davon nur 1 Splitter verwendet werden, der wieder entfernt wird, wenn er reichlich Geschmack abgegeben hat. ≪

Gefülltes Schweineschnitzel im Parmesanmantel

Für die Schnitzel:

180 g Champignons

80 g gekochter Schinken

2 Schalotten · 1 EL Butter

Salz · Pfeffer aus der Mühle

1 EL glatte Petersilie (grob gehackt)

4 Eier

100 g frisch geriebener Parmesan

etwas frisch geriebene Muskatnuss

4 Schweinerückenscheiben

(à 140 g)

5 EL Öl

100 g doppelgriffiges Mehl

Für die Rosmarinkartoffeln:

600 g kleine fest kochende Kartoffeln

Salz · 40 g Butter

1 Rosmarinzweig

½ Knoblauchzehe

Pfeffer aus der Mühle

Für 4 Personen

1 Für die Schnitzel die Champignons putzen und klein schneiden. Den Schinken in sehr kleine Würfel schneiden, die Schalotten schälen und ebenfalls in kleine Würfel schneiden. In einer Pfanne die Butter bei milder Hitze schmelzen, Champignon-, Schinken- und Schalottenwürfel darin 1 bis 2 Minuten anschwitzen. Die Füllung mit Salz, Pfeffer und Petersilie würzen und aus der Pfanne nehmen.

2 Die Eier verquirlen, den Parmesan unterrühren und mit Salz, Pfeffer und Muskatnuss würzen. Die Schweinerückenscheiben mit einem scharfen Messer der Länge nach halbieren, jedoch nicht ganz durchschneiden, sodass die Schnitzel an einer Seite noch zusammenhalten.

3 Die Schnitzel aufklappen und zwischen zwei Blatt geölter Frischhaltefolie flach klopfen, mit Salz und Pfeffer würzen. Die Pilzfüllung auf einer Schnitzelhälfte so verteilen, dass der Rand frei bleibt. Die zweite Hälfte darüber klappen und die Enden gut andrücken.

4 Die Schnitzel vorsichtig erst in Mehl, anschließend in der Parmesan-Eier-Mischung wenden. Sofort in einer Pfanne bei milder Hitze im restlichen Öl hell anbraten. Aus der Pfanne nehmen und auf Küchenpapier abtropfen lassen.

5 Für die Rosmarinkartoffeln die Kartoffeln schälen, in Salzwasser kochen, abgießen und halbieren. In einer Pfanne bei milder Hitze die Butter schmelzen. Den Rosmarin und den Knoblauch dazugeben und die Kartoffeln darin goldbraun braten. Mit Salz und Pfeffer würzen.

6 Die Schnitzel mit den Rosmarinkartoffeln auf vorgewärmten Tellern anrichten und je nach Geschmack mit frischem Rosmarin garnieren.

» Die Schnitzel sollten in einer mild temperierten Pfanne zunächst auf einer Seite so lange angebraten werden, bis die Panade durchgebacken ist, erst dann dürfen sie bewegt bzw. gewendet werden. So entsteht eine ebenmäßige Hülle, die nicht reißt und an der Pfanne festklebt. Für dieses Gericht ist es zudem empfehlenswert, eine beschichtete Pfanne zu verwenden. «

Paprikarahmschnitzel

1 rote Paprikaschote

1 EL Öl

½ Zwiebel

1 TL Puderzucker

¼ l Gemüsebrühe

80 g Sahne · Salz

½ TL Paprikapulver (edelsüß)

1 Prise Cayennepfeffer

1 Streifen unbehandelte
Zitronenschale

2 Scheiben Knoblauch

20 g kalte Butter

8 kleine, dünn geschnittene
Kalbsschnitzel aus der
Oberschale (à 70 g)

Pfeffer aus der Mühle

Für 4 Personen

1 Den Backofengrill einschalten. Die Paprikaschote waschen, vierteln, Stielansatz und Kerne entfernen. Die Paprikaviertel mit der Schnittfläche nach unten auf ein Backblech legen und die Oberfläche mit Öl bepinseln. Auf die mittlere Schiene in den vorgeheizten Backofen schieben und die Paprikaschoten darin garen, bis die Haut dunkle Blasen wirft. Aus dem Ofen nehmen, kurz abkühlen lassen und die Haut abziehen. Die Zwiebel schälen und in kleine Würfel schneiden.

2 Den Puderzucker in einen Topf sieben und bei milder Hitze hell karamellisieren lassen, die Zwiebeln darin glasig anschwitzen, die Paprikaschoten dazugeben, mit der Brühe auffüllen und das Gemüse darin in 10 bis 15 Minuten knapp unter dem Siedepunkt weich ziehen lassen. Die Sahne hinzufügen und das Ganze in einem Mixer fein pürieren. Mit Salz, Paprikapulver und Cayennepfeffer herzhaft abschmecken. Zitronenschale und Knoblauch dazugeben, einige Minuten darin ziehen lassen und wieder entfernen. Zuletzt die Butter in die Sauce mixen und falls nötig noch etwas abschmecken.

3 Die Kalbsschnitzel dünn klopfen, salzen und pfeffern. In einer heißen Pfanne bei mittlerer Hitze auf beiden Seiten anbraten. Zum Warmhalten in die Sauce legen oder mit dieser gleich anrichten.

» Diese Sauce bekommt durch das gegarte, pürierte Gemüse eine natürliche Bindung, daher kann auf Mehl verzichtet werden. Zudem erhält sie durch die Paprikaschoten einen feinen Röstgeschmack. «

Saltimbocca vom Reh

*je 1 EL schwarze Pfefferkörner,
Wacholderbeeren und Pimentkörner · 1 cm Zimtrinde
1 Lorbeerblatt
400 g Rehfleisch aus der
Oberschale
3 EL Öl · Salz
12 dünne Scheiben Südtiroler Speck
¹/₂ TL Puderzucker
80 ml roter Portwein
2 EL kalte Butter
150 g weiße, kernlose Trauben
40 g Walnussviertel
20 kleine Salbeiblätter
Öl zum Frittieren*

Für 4 Personen

1 Die Gewürze in eine Mühle füllen. Das Rehfleisch in 6 Scheiben
schneiden, die Scheiben halbieren und zwischen zwei Blatt geölter
Frischhaltefolie flach klopfen. Die Fleischscheiben leicht salzen, mit
den Gewürzen aus der Mühle würzen und die Speckscheiben mithilfe
von Zahnstochern darauf feststecken.

2 Die Schnitzel in einer Pfanne bei mittlerer Hitze im restlichen Öl
zuerst auf der Speckseite, dann auf der anderen Seite je 1 bis 2 Minuten anbraten und aus der Pfanne nehmen. Das Bratfett abgießen,
etwas Puderzucker auf den Bratsatz stäuben, karamellisieren lassen
und mit Portwein ablöschen. Reduzieren lassen und 1 EL Butter hineinrühren, die Sauce leicht salzen.

3 Die Trauben halbieren und mit den Walnüssen, der restlichen Butter
und etwas Puderzucker in einer Pfanne erhitzen. Die Salbeiblätter in
Öl frittieren. Die Schnitzel auf warme Teller legen, mit Trauben, Walnüssen und den Salbeiblättern garnieren und mit Sauce beträufeln.

Wiener Schnitzel mit Pommes frites und Tomatenketchup

Für die Schnitzel:

2 Eier

1 EL geschlagene Sahne

80 g doppelgriffiges Mehl

200 g Weißbrotbrösel

8 dünne Kalbsschnitzel aus der Oberschale (à 60 g)

Salz · Pfeffer aus der Mühle

ca. 200 g Butterschmalz

einige Tropfen Zitronensaft

Für das Tomatenketchup:

1 mittelgroße Zwiebel

750 g Schältomaten (aus der Dose, grob gehackt)

25 g Tomatenmark

20 g brauner Zucker

2 cm Zimtrinde

1 TL gelbe Senfkörner

70 g Puderzucker

ca. 100 ml Weißweinessig

2 TL Salz

Cayennepfeffer

½ TL gemahlener Piment

Für die Pommes frites:

1 kg große Kartoffeln

Öl zum Frittieren · Salz

Für 4 Personen

1 Für die Schnitzel die Eier mit der Sahne verquirlen und in einen tiefen Teller füllen. Mehl und Weißbrotbrösel ebenfalls in Teller geben. Kalbsschnitzel salzen und pfeffern, nacheinander zuerst im Mehl wenden, dabei überschüssiges Mehl abklopfen, dann durch die Eier-Sahne-Mischung ziehen und zum Schluss in den Weißbrotbröseln wenden, ohne diese zu fest anzudrücken.

2 Reichlich Butterschmalz in einer Pfanne bei mittlerer Temperatur erhitzen und die panierten Schnitzel darin zuerst auf einer Seite gold-gelb backen. Wenden, eventuell noch etwas Butterschmalz dazugeben und das Fett durch eine leichte Vor- und Rückwärtsbewegung der Pfanne über die Schnitzel »schwappen« lassen, sodass die Panade der Schnitzel sich wellenartig wölbt. Die Schnitzel goldgelb braten, aus der Pfanne nehmen und auf Küchenpapier abtropfen lassen. Nach Geschmack leicht salzen und mit etwas Zitronensaft beträufeln.

3 Für das Tomatenketchup die Zwiebel schälen, in kleine Würfel schnei-den und mit Schältomaten, Tomatenmark, braunem Zucker, Zimtrinde und Senfkörnern in einen Topf geben. Das Ganze bei geringer Hitze etwa 30 Minuten köcheln lassen.

4 In der Zwischenzeit den Puderzucker in eine Pfanne sieben und bei mittlerer Hitze karamellisieren lassen, mit 100 ml Weißweinessig ablöschen und auf die Hälfte reduzieren lassen.

5 Das Tomatenketchup mit dem Stabmixer aufschlagen. Mit Essigreduk-tion, Salz, Cayennepfeffer, Piment und etwas zusätzlichem Weiß-weinessig abschmecken. Auskühlen lassen und je nach Geschmack nachwürzen.

6 Für die Pommes frites die Kartoffeln schälen und in 1 cm breite Stäb-chen schneiden. Kurz in kaltem Wasser waschen und auf einem Küchentuch abtropfen lassen. In einer Fritteuse Öl auf 130 °C erhit-zen, die Pommes frites darin farblos vorbacken und herausnehmen. Kurz vor dem Servieren das Öl in der Fritteuse auf 170 bis 180 °C erhitzen und die Pommes frites darin knusprig ausbacken. Abtropfen lassen und salzen.

Surschnitzel

Für die Lake:

1 ½ l Wasser

75 g Pökelsalz (beim Metzger erhältlich)

½ TL Zucker

1 Lorbeerblatt

½ TL schwarze Pfefferkörner

5 Wacholderbeeren

5 Pimentkörner

1 Prise ganzer Koriander

1 Prise ganzer Kümmel

½ Knoblauchzehe

1 Streifen unbehandelte Zitronenschale

Für die Schnitzel:

8 dünn geklopfte Schweineschnitzel aus der Oberschale (à 60 g)

Pfeffer aus der Mühle

2 Eier

1 EL angeschlagene Sahne

Salz · Pfeffer aus der Mühle

80 g doppelgriffiges Mehl

200 g Weißbrotbrösel

Butterschmalz zum Ausbacken

Für 4 Personen

1 Für die Lake das Wasser mit allen Gewürzen einmal aufkochen und auskühlen lassen.

2 Für die Schnitzel die Lake in eine weite Schüssel oder eine Auflaufform geben, die Schnitzel darin einlegen und im Kühlschrank einen Tag ziehen lassen.

3 Die Schnitzel herausnehmen, kurz abwaschen, trockentupfen und mit Pfeffer würzen.

4 Die Eier in einem tiefen Teller verquirlen, die Sahne darunter ziehen und mit Salz und Pfeffer würzen. Mehl und Weißbrotbrösel jeweils in tiefe Teller verteilen.

5 Die Schnitzel nacheinander in Mehl, Ei und Weißbrotbröseln wenden.

6 In einer Pfanne bei mittlerer Temperatur fingerhoch Butterschmalz erhitzen. Die Schnitzel hineingeben, hell anbräunen, wenden, auf der zweiten Seite ebenfalls anbräunen und dabei häufig mit dem heißen Fett übergießen. Auf Küchenpapier abtropfen lassen.

7 Dazu passt Kartoffel-Gurken-Salat.

» Für die Panade ist wichtig, dass sie immer gewürzt wird, damit das Schnitzel anschließend besser schmeckt. Das Fleisch wird zwar gesalzen und gepfeffert, aber die Panade aus Mehl, Ei und Weißbrotbröseln hat nicht viel Eigengeschmack und braucht Gewürze. So können z. B. für ein Fischschnitzel die Brotbrösel oder das Ei mit etwas Curry oder Paprika edelsüß gewürzt werden. Für Wildschnitzel bereitet man sich eine Gewürzmischung zu und würzt damit das Fleisch, aber auch die Panade aus der Mühle, wie im Gewürzschnitzel, Seite 119, angegeben. Für Gemüseschnitzel wie gekochte Selleriescheiben, Rote-Bete-Scheiben oder Zucchinischeiben kann in das Ei Parmesan und in die Brösel zusätzlich Mohn oder Sesam gemischt werden. «

Gebackenes Gewürzschnitzel

Für die Gewürzmischung:

je 1 EL Pimentkörner, schwarze Pfefferkörner und Wacholderbeeren je 1 TL Korianderkörner, Zimtrinde (zerbröselt) und getrocknete kleine Chilischoten

Für die Schnitzel:

2 Eier · Salz · 1 EL Sahne
200 g Weißbrotbrösel
80 g doppelgriffiges Mehl
8 dünne Hirschschnitzel aus der Oberschale (à 60 g)
Butterschmalz zum Ausbacken
1 Streifen unbehandelte Orangenschale

Für 4 Personen

1 Für die Gewürzmischung alle Zutaten in eine Gewürzmühle füllen.

2 Für die Schnitzel die Eier verquirlen, mit Salz und der Gewürzmischung würzen. Die Sahne halbsteif schlagen und unter die Eiermischung ziehen. Die Weißbrotbrösel ebenfalls mit der Gewürzmischung würzen. Mehl, Ei und Weißbrotbrösel jeweils in tiefe Teller verteilen.

3 Die Hirschschnitzel dünn klopfen und salzen. Nacheinander erst im Mehl, dann in der Eiermischung und zum Schluss in den Weißbrotbröseln wenden.

4 In einer Pfanne bei mittlerer Temperatur fingerhoch das Butterschmalz erhitzen. Die Hirschschnitzel hineinlegen, hell anbräunen, wenden und die Orangenschale dazugeben. Auf der zweiten Seite ebenfalls anbräunen und die Schnitzel dabei häufig mit dem heißen Fett übergießen.

5 Auf Küchenpapier abtropfen lassen.

Schnitzel vom Rind in Zwiebelsauce

500 g Roastbeef (ohne Knochen und Fettschicht, in 1/2–1 cm dicke Scheiben geschnitten)
Öl · 2 mittelgroße Zwiebeln
Salz · Pfeffer aus der Mühle
1 TL Puderzucker · 30 g kalte Butter
80 ml Rotwein
1 Msp Tomatenmark
170 ml Geflügelbrühe
1/2 TL scharfer Senf
1 Prise getrockneter Majoran
1 Streifen unbehandelte Zitronenschale
1 Prise Cayennepfeffer
1 EL glatte Petersilie (grob gehackt)

Für 4 Personen

1 Die Fleischscheiben zwischen zwei Blatt geölter Frischhaltefolie 1/2 cm dick klopfen. Die Zwiebeln schälen und in kleine Würfel schneiden.

2 Rinderschnitzel leicht salzen und pfeffern und in einer heißen Pfanne bei mittlerer Hitze in 1 EL Öl auf beiden Seiten kurz anbräunen, herausnehmen und warm stellen. Die Pfanne vom Herd nehmen, das Bratfett abgießen, den Puderzucker hineinstäuben, schmelzen lassen, die Zwiebelwürfel mit 1 EL Butter hinzufügen und darin bei milder Hitze einige Minuten anbräunen. Mit Rotwein ablöschen, das Tomatenmark dazugeben und auf etwa ein Drittel einköcheln lassen. Mit der Geflügelbrühe auffüllen, den Senf hineinrühren, mit Majoran würzen, die Zitronenschale dazugeben, einige Minuten darin ziehen lassen und wieder entfernen. Restliche Butter darin schmelzen lassen und mit Salz und Cayennepfeffer abschmecken.

3 Die Schnitzel in die Sauce legen, darin erwärmen und die Petersilie darüber streuen.

Gratiniertes Butterschnitzel vom Lamm mit Chicorée

Für die Gratiniermasse:

125 g weiche Butter

1 TL frischer Thymian (gehackt)

1 EL glatte Petersilie (grob gehackt)

1 Knoblauchzehe (fein gehackt)

1 EL frisch geriebener Parmesan

60 g Weißbrotbrösel

Salz · Pfeffer aus der Mühle

Für die Schnitzel:

60 g Weißbrot (entrindet)

60 ml Milch

50 g eingelegte, getrocknete Tomaten

175 g Lammhackfleisch

175 g Schweinehackfleisch

je 1–2 TL gehackte Sardellen und Kapern · 1 TL scharfer Senf

50 g Sahne · 2 Eigelb

Salz · Pfeffer aus der Mühle

1 Prise getrockneter Majoran

1 Knoblauchzehe (fein gehackt)

etwas frisch geriebene Muskatnuss

Butter zum Braten

Für den Chicorée:

2 Stauden Chicorée

1 gestr. EL Puderzucker

3 EL weißer Portwein

1 EL Butter

Salz · Pfeffer aus der Mühle

Für 4 Personen

1 Für die Gratiniermasse die Butter mit Thymian, Petersilie, Knoblauch und Parmesan verrühren. Die Weißbrotbrösel untermischen und die Masse mit Salz und Pfeffer würzen. Auf Pergamentpapier verteilen, zu einer Rolle formen und kalt stellen.

2 Für die Schnitzel das Weißbrot in Würfel schneiden, die Milch darüber träufeln und beides vermischen. Die getrockneten Tomaten abtropfen lassen klein hacken und dazugeben. Beide Hackfleischsorten, Sardellen, Kapern, Senf, Sahne und Eigelb dazugeben und alles zu einem Hackfleischteig vermischen. Mit Salz, Pfeffer, Majoran, Knoblauch und Muskatnuss würzen.

3 Mit feuchten Händen 8 kleine oder 4 große Schnitzel aus dem Hackfleischteig formen. In einer Pfanne bei sehr milder Hitze in Butter von beiden Seiten 4 Minuten langsam anbraten, herausnehmen, auf Küchenpapier abtropfen lassen und auf ein Backblech legen.

4 Den Backofengrill vorheizen. Die Gratiniermasse aus dem Pergamentpapier wickeln und in dünne Scheiben schneiden. Leicht überlappend auf die Oberseite der Schnitzel legen und unter dem Grill auf der mittleren Einschubleiste 4 Minuten überbacken.

5 Für den Chicorée die Chicoréestauden putzen und halbieren. Den Puderzucker in eine Pfanne sieben und bei mittlerer Hitze karamellisieren lassen. Die Chicoréehälften auf der Schnittseite darin hell anbraten, mit Portwein ablöschen, den Chicorée wenden, 4 Minuten weitergaren, die Butter dazugeben und im Gemüse schmelzen. Mit Salz und Pfeffer würzen.

6 Die Butterschnitzel und den Chicorée auf vorgewärmten Tellern anrichten und je nach Geschmack mit Petersilie garnieren.

》 *Die Gratiniermasse lässt sich sehr gut auf Vorrat zubereiten. Sie hält sich eine Woche im Kühlschrank oder gut verpackt mehrere Monate im Gefrierfach.* 《

Nachspeisen

Bayerisch Creme mit Orangen-Trauben-Ragout

Für die Creme:

2 Blatt Gelatine

3 Eigelb

50 g Puderzucker

Mark von 2 Vanilleschoten

300 g Sahne

1 EL Grand Marnier

Für das Ragout:

60 g Puderzucker

¼ l Orangensaft

20 g Zucker

Mark von ½ Vanilleschote

1 cm Zimtrinde

2 Streifen unbehandelte Orangenschale

1 TL Speisestärke

2 Orangenfilets

je 100 g weiße und blaue Trauben

120 g Maronen

Für 4 Personen

1 Für die Creme die Gelatine in kaltem Wasser einweichen. Das Eigelb mit dem Puderzucker und dem Vanillemark in eine Schüssel geben und mit dem elektrischen Handrührer so lange schlagen, bis eine helle, schaumige Masse entstanden ist. Die Sahne halb steif schlagen.

2 Den Grand Marnier erhitzen und vom Herd nehmen. Die ausgedrückte Gelatine darin auflösen und unter die Eigelbmasse rühren. Ein Drittel der Sahne mit einem Schneebesen hineinrühren, den Rest vorsichtig unterheben. Die Creme in Portionsförmchen füllen und im Kühlschrank 1 bis 2 Stunden fest werden lassen.

3 Für das Ragout 20 g Puderzucker in einen Topf sieben und bei mittlerer Hitze karamellisieren lassen. Mit dem Orangensaft ablöschen. Zucker, Vanillemark, Zimtrinde und Orangenschale dazugeben. Die Flüssigkeit aufkochen, mit Speisestärke leicht binden, abkühlen lassen und falls nötig mit frisch gepresstem Orangensaft strecken. Zimtrinde und Orangenschale wieder entfernen.

4 Die Orangenfilets und die Weintrauben damit marinieren.

5 Die Maronen halbieren und in einer Pfanne erhitzen. Den restlichen Puderzucker hineinsieben und die Maronen damit bei mittlerer Hitze karamellisieren lassen.

6 Die Cremeförmchen kurz in heißes Wasser tauchen und auf Teller stürzen. Die Bayerisch Creme mit den karamellisierten Maronen und dem Orangen-Trauben-Ragout anrichten.

» Zum Anrichten werden die Förmchen nacheinander bis knapp unter den Rand in fast kochendes Wasser gehalten. Die Dauer hängt vom Material der Förmchen ab. Porzellan wird 5 bis 7 Sekunden eingetaucht, Stahlförmchen hingegen werden nur ganz kurz hineingehalten. Anschließend werden die Seiten beklopft, damit ein kleiner Luftraum entsteht und die Creme nun leicht herausgestürzt werden kann. Die Förmchen müssen dafür weder gebuttert noch mit kaltem Wasser ausgespült werden, bevor man sie füllt. «

Blaubeerdatschi auf Vanille-Honig-Sahne

Für die Datschi:

150 g Blätterteig

etwas Mehl zum Ausrollen

250 g Blaubeeren (Heidelbeeren)

60 g Marzipan

1 Eiweiß

10 g weiche Butter

10 g gemahlene Mandeln

1 TL brauner Rum

70 g Aprikosenkonfitüre

1 Msp abgeriebene unbehandelte Orangenschale

Mark von 1 Vanilleschote

Für die Vanille-Honig-Sahne:

200 g Sahne

20 g Honig

Mark von 1 Vanilleschote

Für 4 Personen

1 Für die Datschi den Blätterteig mit etwas Mehl 2 bis 3 mm dick ausrollen und mit einem runden Ausstecher 4 Kreise von 12 bis 14 cm Durchmesser ausstechen. Ist kein großer Ring zur Hand, werden auf den Teig ein entsprechend großer Teller aufgelegt und mit einem Messer Teigkreise ausgeschnitten. Bis zur Weiterverwendung in den Kühlschrank stellen.

2 Die Blaubeeren verlesen, waschen und gut abtropfen lassen.

3 Das Marzipan mit dem Eiweiß glatt rühren, Butter, Mandeln und Rum hinzufügen. Die Blätterteigböden auf ein mit Backpapier belegtes Backblech legen, dünn mit der Marzipanmasse bestreichen und dabei jeweils einen Rand von etwa 1 1/2 cm frei lassen. Die Blaubeeren dicht auf die Masse streuen.

4 Den Backofen auf 200 bis 220 °C vorheizen. Datschi auf der untersten Schiene 15 bis 20 Minuten backen, bis ihre Unterseite goldbraun ist.

5 In einem kleinen Topf die Aprikosenkonfitüre mit der Orangenschale und dem Vanillemark erhitzen, etwas ziehen lassen, die Orangenschale wieder entfernen und die Konfitüre mit einem Stabmixer pürieren. Mit einem Pinsel die Beeren dünn damit bestreichen.

6 Für die Vanille-Honig-Sahne die Sahne mit dem Honig und dem Vanillemark verrühren und halbsteif schlagen. Die heißen Datschi auf flache Teller legen und die Sahne um die Datschi herum anrichten.

» Der Blätterteigrand sollte frei bleiben, damit er beim Backen möglichst schnell aufgeht und der Beerensaft, der beim Backen austritt, nicht über den Rand läuft. Es sollte auch keine Marzipanmasse auf den Rand gestrichen werden, da sie dort schnell verbrennt. «

Zwetschgenkrapferl auf Weißweinsabayon

Für die Zwetschgenkrapferl:

20 Zwetschgen

100 g Marzipanrohmasse

10 ml Zwetschgenwasser

Für den Weinbackteig:

2 Eier · 200 g Mehl

175 ml Weißwein

je 1 Msp abgeriebene unbehandelte
Zitronen- und Orangenschale

1 Msp Vanillemark

Salz · 3 EL Zucker

1 EL Butter

neutrales Öl oder Butterschmalz
zum Frittieren

80 g Zucker

1 TL gemahlener Zimt

Für die Weißweinsabayon:

100 ml trockener Weißwein

einige Tropfen Zitronensaft

20 g Zucker · 2 Eigelb

Für 4 Personen

1 Für die Zwetschgenkrapferl die Zwetschgen entsteinen und die Marzipanrohmasse mit dem Zwetschgenwasser verkneten. Haselnussgroße Kugeln aus der Masse formen und die Zwetschgen damit füllen.

2 Für den Weinbackteig die Eier trennen. Das Mehl mit dem Weißwein, der Zitronen- und der Orangenschale, dem Vanillemark und dem Eigelb zu einem glatten Teig verrühren.

3 Das Eiweiß mit dem Salz und dem Zucker zu einem festen, cremigen Schnee schlagen und unter den Weinteig heben. Die Butter in einem kleinen Topf schmelzen lassen und zuletzt in den Teig rühren.

4 In einer Fritteuse oder in einem großen Topf das Öl auf etwa 170 °C erhitzen. Die Zwetschgen durch den Weinteig ziehen und sofort im heißen Fett goldbraun frittieren. Auf Küchenpapier abtropfen lassen. Zucker und Zimt mischen und die Zwetschgen darin wenden.

5 Für die Weißweinsabayon den Weißwein mit dem Zitronensaft, dem Zucker und dem Eigelb in einer runden Metallschüssel verrühren. In einem kleinen Topf etwas Wasser aufkochen lassen, die Schüssel darauf stellen und mit einem Schneebesen so lange schlagen, bis ein feinporiger, fester Schaum entstanden ist. Das Wasser soll dabei nicht unkontrolliert sprudeln, sondern sieden, die Metallschüssel steht nur im Dampf.

6 Sobald die Masse dickschaumig ist, heiß mit den frisch gebackenen Zwetschgen servieren.

»Eiweiß, das mit wenig Zucker aufgeschlagen wird, sollte sofort verarbeitet werden. Es verliert schnell an Geschmeidigkeit, wenn es steht, und bildet im Teig kleine Eiweißnester. Deshalb sollten alle anderen Zutaten für den Teig bereits verrührt sein, bevor der Eischnee geschlagen wird. «

Geeistes Birnensüppchen

5 reife Birnen
500 ml Weißwein
80 g Zucker
1 cm Zimtrinde
Mark von 1 Vanilleschote
2 TL klarer Tortenguss (ca. 6 g)
2 cl Birnengeist
einige Tropfen Zitronensaft

Für 4 Personen

1 Die Birnen schälen, entkernen und vierteln. 4 Birnenviertel in etwa $\frac{1}{2}$ cm große Würfel schneiden. Den Weißwein mit 60 g Zucker aufkochen, die Birnenwürfel darin blanchieren, bis sie bissfest sind, mit einer Schaumkelle herausnehmen und auskühlen lassen.

2 Die übrigen Birnen in den Weißweinsud geben und köcheln lassen, bis sie weich sind. Alles mit dem Stabmixer pürieren und durch ein Sieb passieren. Mit der Zimtrinde und dem Vanillemark nochmals aufkochen, den Tortenguss mit dem übrigen Zucker mischen, einrühren und $\frac{1}{2}$ Minute köcheln lassen.

3 Das Süppchen erkalten lassen, Zimt wieder entfernen, die Birnenwürfel hineinrühren und im Kühlschrank gut durchkühlen.

4 Kurz vor dem Servieren den Birnengeist dazugeben und je nach Süße der Birnen mit etwas Zucker und Zitronensaft abschmecken. Je nach Konsistenz kann noch etwas Prosecco hinzugefügt werden. Das Süppchen in tiefe Teller füllen und je 1 Kugel Eis hineinsetzen. Dazu passt beispielsweise Buttermilcheis, aber auch Nuss-, Mandel-, Schokoladen- oder Krokanteis.

Geeister Kaiserschmarrn mit marinierten Beeren

Für die marinierten Beeren:
300 g reife Himbeeren · 50 g Zucker
150 g aufgetaute Tiefkühlbeeren

Für das Parfait:
20 g Rosinen · 1 cl Strohrum
2 Eigelb · 1 Ei · 60 g Zucker
Mark von 2 Vanilleschoten
1 Msp abgeriebene unbehandelte
Zitronenschale
25 ml Wasser
200 g halb steif geschlagene Sahne

Für 4 Personen

1 Für die marinierten Beeren die Himbeeren mit dem Zucker pürieren und durch ein Sieb streichen. Die Beeren fast aufgetaut dazugeben, darin durchziehen lassen und mit Zucker abschmecken, falls nötig. Bei Bedarf Grand Marnier und Zitronensaft dazugeben.

2 Für das Parfait die Rosinen über Nacht im Rum einweichen.

3 Eigelb und Ei mit 20 g Zucker, Vanillemark und Zitronenschale hell schaumig schlagen.

4 Den restlichen Zucker mit dem Wasser köcheln lassen, bis der Sirup klar ist. Unter die Eigelbmasse rühren und weiterschlagen, bis sie kalt ist. Rumrosinen und Sahne unterziehen.

Für die Glasur:

100 g Vollmilchschokolade

2 ½ EL geschmacksneutrales
Pflanzenöl

Mandelblättchen zum Bestreuen

einige Himbeeren zum Garnieren

5 Tabletts oder Backbleche mit Backpapier belegen. Die Parfaitmasse darauf knapp 1 cm dick glatt aufstreichen und im Tiefkühlfach durchfrieren lassen.

6 Für die Glasur die Vollmilchschokolade im Wasserbad schmelzen und das Öl hineinrühren. Das Parfait aus dem Tiefkühlfach nehmen und die Oberfläche dünn mit der Schokoladen-Öl-Mischung bepinseln. Nochmals kurz nachfrieren lassen und anschließend in mundgerechte Stücke brechen.

7 Zum Servieren auf kalten Tellern anrichten und mit frisch gerösteten, ausgekühlten Mandeln bestreuen. Mit den marinierten Beeren und den frischen Himbeeren umkränzen.

≫ Dieses Dessert kann sehr gut auf Vorrat gemacht werden, es hält sich gut bedeckt mehrere Tage im Gefrierfach. Unmittelbar vor dem Servieren muss es nur noch in Stücke gebrochen und auf kalten Tellern angerichtet werden. Die Fruchtgarnitur kann je nach Saison beliebig variiert werden. ≪

Saftiger Vanille-Kirsch-Kuchen

Für den Hefeteig:

20 g Hefe

120 g Zucker

280 ml Milch

300 g Mehl

1 Ei

50 g Butter

Salz · 1 Msp gemahlener Zimt

Für das Kirschragout:

750 g frische Kirschen

30 g Speisestärke

½ l Kirschsaft

120 g Zucker

2 cm Zimtrinde

Für die Vanillecreme:

60 g Speisestärke

2 Eigelb

1 l Milch

200 g Zucker

Mark von 2 Vanilleschoten

Zum Fertigstellen:

etwas Butter für das Blech

etwas Mehl zum Ausrollen

250 g Aprikosenkonfitüre

einige Tropfen Zitronensaft

Für 1 Blech

1 Für das Dampferl (den Vorteig) die Hefe mit 2 TL Zucker in 4 EL lauwarmer Milch auflösen. Mehl in eine Schüssel sieben und in die Mitte eine kleine Mulde drücken. Die Hefemilch hineingeben und mit etwas Mehl verrühren. Das Dampferl mit etwas Mehl bestäuben und etwa 15 Minuten an einen warmen Ort stellen, bis es blasig aufgegangen ist und sich an der Oberfläche im Mehl Risse zeigen. Die restliche Milch, das verquirlte Ei, die flüssige lauwarme Butter, das Salz, den Zimt und den restlichen Zucker dazugeben.

2 In der Küchenmaschine oder mit den Knethaken des elektrischen Handrührers den Teig so lange kneten, bis er glatt und elastisch geworden ist und sich vom Schüsselrand löst. Je nach Konsistenz eventuell noch etwas Milch hinzufügen, denn er soll weich und geschmeidig sein. Noch einmal für mindestens 30 Minuten an einem warmen Ort zugedeckt gehen lassen, bis die Teigmenge sich etwa verdoppelt hat.

3 Für das Ragout die Kirschen waschen, entstielen und entsteinen. Die Stärke mit etwas Wasser glatt rühren. Den Kirschsaft mit Zucker und Zimtrinde aufkochen. Die Stärke hineinrühren, etwa 1 Minute unter Rühren köcheln lassen, die Kirschen dazugeben, nochmals aufkochen und vom Herd nehmen.

4 Für die Vanillecreme die Stärke mit Eigelb und etwas Milch glatt rühren. Die übrige Milch mit Zucker und Vanillemark aufkochen, die Milch-Stärke-Eigelb-Mischung hineinrühren, etwa 1 Minute unter Rühren köcheln, vom Herd nehmen und abkühlen lassen.

5 Zum Fertigstellen den Backofen auf 180 °C vorheizen. Ein tiefes Blech mit Butter bestreichen. Den Teig nochmals mit den Händen durchkneten, auf einer leicht bemehlten Arbeitsfläche auf Blechgröße ausrollen und das Blech damit belegen.

6 Die Vanillecreme in einen Spritzbeutel mit großer Lochtülle füllen und damit 1 ½ cm breite Streifen mit 1 ½ cm Abstand zueinander schräg auf den Teig aufspritzen. In die Zwischenräume das Kirschragout füllen und etwa 30 bis 35 Minuten im Ofen backen.

7 Die Aprikosenkonfitüre in einem kleinen Töpfchen erhitzen, mit dem Stabmixer pürieren und den Zitronensaft hinzufügen. Mit einem breiten Pinsel auf den heißen Kuchen streichen.

Gekochte Grießstrudel mit eingelegten Stachelbeeren

Für die Grießstrudel:

90 g Butter · 85 g Zucker

Salz · 3 Eigelb

120 g Hartweizengrieß

150 g saure Sahne

30 g Rosinen

Saft und abgeriebene Schale von

½ unbehandelten Zitrone

3 Eiweiß

4 Strudelteigblätter (aus dem
Kühlregal)

etwas Butter für den Strudelteig

Für die Zimtbrösel:

90 g Weißbrotbrösel

60 g Butter

2 EL Zimtzucker

Für die Stachelbeeren:

375 ml trockener Weißwein

70 g Zucker

Saft und abgeriebene Schale von

½ unbehandelten Zitrone

1 cm Zimtrinde

400 g frische Stachelbeeren

2 TL Speisestärke

2 EL Sherry (medium dry)

Für 4 Personen

1 Für die Grießstrudel die Butter mit 60 g Zucker und Salz schaumig rühren. Nach und nach das Eigelb dazugeben. Unter diese Masse ebenfalls nach und nach den Grieß und anschließend die saure Sahne, die Rosinen sowie Zitronensaft und -schale rühren. Das Eiweiß mit dem restlichen Zucker zu cremigem Schnee schlagen und vorsichtig unter die Grießmasse heben.

2 Die Strudelteigblätter nacheinander auf einem 20 x 25 cm großen Blatt Frischhaltefolie ausbreiten, mit Butter bepinseln und je ein Viertel der Grießmasse auf gut die Hälfte der Teigblätter streichen. Die Ränder dabei frei lassen, die Strudel mithilfe der Frischhaltefolie aufrollen, die Teigenden andrücken und die Folienenden zubinden.

3 In einem Topf reichlich Salzwasser zum Sieden bringen. Die Strudel hineingeben und insgesamt etwa 20 Minuten darin garen. Nach der Hälfte der Garzeit wenden.

4 Für die Zimtbrösel die Weißbrotbrösel mit der Butter in einer Pfanne goldbraun rösten und anschließend den Zimtzucker untermischen. Sofort aus der Pfanne nehmen, damit sie nicht nachbräunen. Die fertigen Strudel mit einem Schaumlöffel herausnehmen, kurz abtropfen lassen, aus der Frischhaltefolie wickeln, schräg in große Stücke schneiden und mit den Bröseln dicht bestreuen.

5 Für die eingelegten Stachelbeeren Weißwein mit Zucker, Zitronensaft und -schale sowie Zimtrinde in einen Topf geben und aufkochen, bis sich der Zucker gelöst hat.

6 Die Stachelbeeren waschen, Stiele und Blüten abschneiden und die Stachelbeeren der Länge nach halbieren. In dem Weinsud in etwa 1 bis 2 Minuten weich dünsten. Dabei soll die Flüssigkeit unter dem Siedepunkt gehalten werden. Die Beeren mit einem Schaumlöffel herausnehmen, die Gewürze dabei entfernen. Die Speisestärke mit dem Sherry glatt rühren, in den Kochsud geben und 1 Minute unter Rühren köcheln lassen. Vom Herd nehmen und die Beeren wieder dazugeben.

7 Die Grießstrudel mit den Stachelbeeren auf Tellern anrichten.

Streuselkuchen mit Powidl

Für den Hefeteig:

⅛ l Milch · 20 g Hefe

300 g Mehl

50 g Zucker · 2 Eigelb

1 EL Mandellikör oder Rum

1 Prise Salz

1 Msp Vanillemark

1 Msp abgeriebene unbehandelte
Zitronenschale

50 g weiche Butter

etwas Mehl zum Ausrollen

etwas Butter für das Blech

Für den Belag:

400 g Powidl (Pflaumenmus)

1 EL Rum

1 Prise gemahlener Zimt

400 g Quark · 1 Ei

80 g Zucker

einige Tropfen Zitronensaft

Für die Streusel:

250 g Mehl · 200 g Zucker

200 g flüssige Butter

je 1 Prise Salz und Zimtpulver

Mark von ½ Vanilleschote

150 g Mandelsplitter

Für 1 Blech

1 Für den Hefeteig die Milch auf etwa 30 °C erhitzen. Die Hefe in der Milch auflösen und mit Mehl, Zucker, Eigelb, Mandellikör oder Rum, Salz, Vanillemark und Zitronenschale zu einem Teig verkneten. Die weiche Butter hinzufügen und einige Minuten weiterkneten, bis ein geschmeidiger Teig entstanden ist. Den Teig mit Frischhaltefolie bedecken und etwa 30 Minuten an einem warmen Ort gehen lassen.

2 Den Backofen auf 175 °C vorheizen. Den Teig auf einer bemehlten Arbeitsfläche dünn ausrollen. Ein mit Butter bestrichenes Blech mit dem Hefeteig auslegen.

3 Für den Belag das Powidl mit Rum und Zimt verrühren und auf den Hefeteig streichen. Den Quark mit Ei, Zucker und Zitronensaft cremig rühren und gleichmäßig über die Powidlschicht streichen.

4 Für die Streusel das Mehl mit dem Zucker, der flüssigen Butter, dem Salz, dem Zimt und dem Vanillemark zu einer krümeligen Masse verkneten. Die Mandelsplitter unter die Streusel mischen und das Ganze gleichmäßig auf die Quarkmasse streuen. Den Kuchen noch weitere 30 Minuten gehen lassen.

5 Den Streuselkuchen etwa 30 bis 40 Minuten im vorgeheizten Backofen goldbraun backen. Auskühlen lassen und in kleine Stücke schneiden.

≫ Der Hefeteig kann bereits am Vortag zubereitet werden, so gewinnt er wesentlich an Aroma und Geschmack. Er wird dafür mit Frischhaltefolie bedeckt über Nacht zum Reifen in den Kühlschrank gestellt. Vor dem Ausrollen lässt man ihn dann nochmals in der Wärme gehen.
Das Powidl kann man selbst herstellen, indem man Backpflaumen mit etwas Rum beträufelt und anschließend durch den Fleischwolf dreht oder im Mixer püriert. ≪

Register

Bildnachweis

Coverfoto Vorderseite:
Susie Eising

Umschlaginnenseiten und
Porträt S. 7:
Alexander Haselhoff

Titelrezept

Das Rezept auf der Umschlag-
vorderseite ist eine kross gebratene
Schweineschulter (S. 100). Dazu
gibt es als Beilage kleine Semmelknödel mit Speck (S. 64).

Die Rezepte der Fernsehfolgen im Buch